Espaces littéraires

La petite fille de Monsieur Linh

Philippe Claudel

Cornelsen

Espaces littéraires | La petite fille de Monsieur Linh
Philippe Claudel

Herausgeber: Otto-Michael Blume
Vokabelannotationen und Aufgaben: Anne Biedermann
Verlagsredaktion: Sophie Ortiz-Vobis
Umschlaggestaltung: werkstatt für gebrauchsgrafik, Berlin
Layout und technische Umsetzung: Annika Preyhs für Buchgestaltung+, Berlin
Umschlagfoto: Corbis: © Zaunders

Copyright © 2005, Editions Stock, Paris
Reprinted by permission of Editions Stock
Copyright für den Auszug aus L'analphabète © Editions Zoé, 2004
Bildquelle: © Sipa Press/EFE, S. 144

Verwendete Abkürzungen

angl.	anglais	loc.	locution	prov.	proverbe	jmd.	jemand
f.	féminin	m.	masculin	qc	quelque chose	jdm.	jemandem
fam.	familier	mus.	musical	qn	quelqu'un	jdn.	jemanden
lat.	latin	péj.	péjoratif	vulg.	vulgaire	etw.	etwas
lit.	littéraire	pl.	pluriel	vx.	vieux		

www.cornelsen.de

1. Auflage, 5. Druck 2020

Alle Drucke dieser Auflage sind inhaltlich unverändert und können im Unterricht nebeneinander verwendet werden.

© 2008 Cornelsen Verlag, Berlin
© 2017 Cornelsen Verlag GmbH, Berlin

Das Werk und seine Teile sind urheberrechtlich geschützt.
Jede Nutzung in anderen als den gesetzlich zugelassenen Fällen bedarf der vorherigen schriftlichen Einwilligung des Verlages. Hinweis zu §§ 60a, 60b UrhG: Weder das Werk noch seine Teile dürfen ohne eine solche Einwilligung an Schulen oder in Unterrichts- und Lehrmedien (§ 60b Abs. 3 UrhG) vervielfältigt, insbesondere kopiert oder eingescannt, verbreitet oder in ein Netzwerk eingestellt oder sonst öffentlich zugänglich gemacht oder wiedergegeben werden.
Dies gilt auch für Intranets von Schulen.

Druck: AZ Druck und Datentechnik GmbH, Kempten

ISBN 978-3-464-20316-3

PEFC zertifiziert
Dieses Produkt stamm: aus nachhaltig bewirtschafteten Wäldern und kontrollierten Quellen.

www.pefc.de

La petite fille de Monsieur Linh

5	Chapitre 1
13	Chapitre 2
20	Chapitre 3
26	Chapitre 4
32	Chapitre 5
37	Chapitre 6
44	Chapitre 7
48	Chapitre 8
53	Chapitre 9
65	Chapitre 10
70	Chapitre 11
77	Chapitre 12
82	Chapitre 13
88	Chapitre 14
96	Chapitre 15
99	Chapitre 16
105	Chapitre 17
115	Chapitre 18
119	Chapitre 19
128	Chapitre 20
133	Chapitre 21
137	Chapitre 22

Annexe

144	**Réfugiés** *Document iconographique*
146	**On était les premiers boat-people**
	Tran Dung-Nghi
150	**Le désert** *Agota Kristof*
154	**La poupée** *Manau*
157	**Les guerres d'Indochine et du Vietnam (I, II, III)**

À tous les Monsieur Linh de la terre
et à leurs petites filles

Pour Nohm et Emélia

5

I

C'est un vieil homme debout à l'arrière[1] d'un bateau. Il serre dans ses bras une valise légère et un nouveau-né, plus léger[2] encore que la valise. Le vieil homme se nomme Monsieur Linh. Il est seul à savoir qu'il s'appelle ainsi car tous ceux
5 qui le savaient sont morts autour de lui.

Debout à la poupe[3] du bateau, il voit s'éloigner[4] son pays, celui de ses ancêtres[5] et de ses morts, tandis que dans ses bras l'enfant dort. Le pays s'éloigne, devient infiniment petit, et Monsieur Linh le regarde disparaître[6] à l'horizon, pendant
10 des heures, malgré le vent qui souffle[7] et le chahute[8] comme une marionnette.

Le voyage dure longtemps. Des jours et des jours. Et tout ce temps, le vieil homme le passe à l'arrière du bateau, les yeux dans le sillage[9] blanc qui finit par s'unir au ciel,
15 à fouiller[10] le lointain[11] pour y chercher encore les rivages[12] anéantis[13].

---

1 l'arrière *m.*: *hier* Heck
2 léger/-ère: qui ne pèse pas beaucoup
3 la poupe: l'arrière *m.* d'un bateau
4 s'éloigner: aller loin
5 l'ancêtre *m./f.*: Vorfahre
6 disparaître: ≠ apparaître
7 souffler: wehen, blasen
8 chahuter qn/qc: *ici* faire bouger
9 le sillage: trace que laisse un bateau sur l'eau
10 fouiller qc: etw. absuchen
11 le lointain: ce qui est loin
12 le rivage: Ufer
13 anéanti/e: *ici* perdu/e

6

Quand on veut le faire entrer dans sa cabine, il se laisse guider sans rien dire, mais on le retrouve un peu plus tard, sur le pont[1] arrière, une main tenant le bastingage[2], l'autre serrant l'enfant, la petite valise de cuir bouilli[3] posée à ses pieds. 5

Une sangle[4] entoure la valise afin qu'elle ne puisse pas s'ouvrir, comme si à l'intérieur se trouvaient des biens précieux. En vérité, elle ne contient que des vêtements usagés[5], une photographie que la lumière du soleil a presque entièrement effacée[6], et un sac de toile[7] dans lequel le vieil 10 homme a glissé[8] une poignée[9] de terre. C'est là tout ce qu'il a pu emporter. Et l'enfant bien sûr.

L'enfant est sage[10]. C'est une fille. Elle avait six semaines lorsque Monsieur Linh est monté à bord avec un nombre infini d'autres gens semblables à lui, des hommes et des 15 femmes qui ont tout perdu, que l'on a regroupés à la hâte[11] et qui se sont laissé faire.

Six semaines. C'est le temps que dure le voyage. Si bien que[12] lorsque le bateau arrive à destination, la petite fille a déjà doublé le temps de sa vie. Quant au[13] vieil homme, il a 20 l'impression d'avoir vieilli d'un siècle.

---

1   le pont: Schiffsdeck
2   le bastingage: Reling
3   le cuir bouilli: hartes, gekochtes Leder
4   la sangle: Lederriemen
5   usagé/e: ce qui a été beaucoup utilisé
6   effacé/e: *hier* verbliechen
7   la toile: Stoff
8   glisser: *ici* ranger
9   la poignée de qc: Hand voll
10   sage: brav
11   à la hâte: très rapidement
12   si bien que: so dass
13   quant à: was ... betrifft

Parfois, il murmure[1] une chanson à la petite, toujours la même, et il voit les yeux du nourrisson[2] s'ouvrir et sa bouche aussi. Il la regarde, et il aperçoit davantage que[3] le visage d'une très jeune enfant. Il voit des paysages, des matins lumineux[4], la marche[5] lente et paisible[6] des buffles[7] dans les rizières[8], l'ombre ployée[9] des grands banians[10] à l'entrée de son village, la brume[11] bleue qui descend des montagnes vers le soir, à la façon d'un châle[12] qui glisse doucement sur des épaules.

Le lait qu'il donne à l'enfant coule[13] sur le bord de ses lèvres. Monsieur Linh n'a pas l'habitude encore. Il est maladroit[14]. Mais la petite fille ne pleure pas. Elle retourne au sommeil[15], et lui, il revient vers l'horizon, l'écume[16] du sillage et le lointain dans lequel, depuis bien longtemps déjà, il ne distingue[17] plus rien.

Enfin, un jour de novembre, le bateau parvient[18] à sa destination, mais le vieil homme ne veut pas en descendre. Quitter le bateau, c'est quitter vraiment ce qui le rattache[19]

---

1   murmurer: murmeln
2   le nourisson: le bébé
3   davantage que: plus que
4   lumineux/-euse: plein/e de lumière
5   la marche: Schreiten, Gehen
6   paisible: → la paix
7   le buffle: Büffel
8   la rizière: terrain où on cultive le riz
9   ployé/e: gebogen
10 le banian: Banyanbaum (tropische Feigenart)
11 la brume: Nebel
12 le châle: (Schulter)tuch
13 couler: rinnen
14 maladroit/e: ungeschickt
15 le sommeil: le fait de dormir
16 l'écume *f.*: Schaum, Gischt
17 distinguer: *hier* erkennen
18 parvenir: *ici* arriver
19 rattacher qn/qc à qn/qc: jdn./etw. mit jdm./etw. verbinden

8

encore à sa terre. Deux femmes alors le mènent avec des
gestes doux vers le quai[1], comme s'il était malade. Il fait très
froid. Le ciel est couvert. Monsieur Linh respire l'odeur du
pays nouveau. Il ne sent rien. Il n'y a aucune odeur. C'est
un pays sans odeur. Il serre l'enfant plus encore contre lui, 5
chante la chanson à son oreille. En vérité, c'est aussi pour
lui-même qu'il la chante, pour entendre sa propre voix et la
musique de sa langue.

Monsieur Linh et l'enfant ne sont pas seuls sur le quai. Ils
sont des centaines, comme eux. Vieux et jeunes, attendant 10
docilement[2], leurs maigres effets[3] à leurs côtés, attendant
sous un froid tel qu'ils n'en ont jamais connu qu'on leur dise
où aller. Aucun ne se parle. Ce sont de frêles[4] statues aux
visages tristes, et qui grelottent[5] dans le plus grand silence.

Une des femmes qui l'a aidé à descendre du bateau 15
revient à lui. Elle lui fait signe de la suivre. Il ne comprend
pas ses mots mais il comprend ses gestes. Il montre l'enfant
à la femme. Elle le regarde, paraît hésiter, et finalement
sourit. Il se met en marche[6] et la suit.

Les parents de l'enfant étaient les enfants de Monsieur 20
Linh. Le père de l'enfant était son fils. Ils sont morts dans la
guerre qui fait rage[7] au pays depuis des années déjà. Ils sont
partis un matin travailler dans les rizières, avec l'enfant, et
le soir ils ne sont pas revenus. Le vieil homme a couru. Il
est arrivé essoufflé[8] près de la rizière. Ce n'était plus qu'un 25

---

1 le quai: Kai
2 docile: folgsam
3 les effets *m. pl.*: les vêtements *m. pl.*
4 frêle: zerbrechlich
5 grelotter: trembler de froid
6 se mettre en marche: commencer à marcher
7 faire rage: wüten
8 essoufflé/e: qui respire difficilement

trou immense et clapotant[1], avec sur un côté du cratère un cadavre de buffle éventré[2], son joug[3] brisé[4] en deux comme un brin de paille[5]. Il y avait aussi le corps de son fils, celui de sa femme, et plus loin la petite, les yeux grands ouverts, emmaillotée[6], indemne[7], et à côté de la petite une poupée, sa poupée, aussi grosse qu'elle, à laquelle un éclat de la bombe avait arraché la tête. La petite fille avait dix jours. Ses parents l'avaient appelée *Sang diû*, ce qui dans la langue du pays veut dire « Matin doux ». Ils l'avaient appelée ainsi, puis ils étaient morts. Monsieur Linh a pris l'enfant. Il est parti. Il a décidé de partir à jamais. Pour l'enfant.

Lorsque le vieil homme songe[8] ainsi à la petite fille, il lui semble qu'elle se blottit[9] encore davantage contre son flanc[10]. Il serre la poignée[11] de sa valise et suit la femme tandis que son visage luit [12]sous la pluie de novembre.

Parvenus dans une pièce où règne[13] une bonne chaleur, la femme lui désigne une place. Elle le fait asseoir. Il y a des tables, des chaises. C'est très grand. Pour l'instant, ils sont seuls, mais un peu plus tard tous ceux du bateau arrivent dans la salle et s'installent. On leur sert à manger une soupe. Il ne veut pas manger, mais la femme revient près de lui pour lui faire comprendre qu'il faut manger. Elle regarde la petite qui s'est endormie. Il voit le regard de la femme sur l'enfant.

---

1 clapotant/e: plätschernd
2 éventrer qc: etw. aufschlitzen, aufreißen
3 le joug: Joch
4 briser qc: casser qc
5 le brin de paille: Strohhalm
6 emmaillotté/e: (in Windeln) eingewickelt
7 indemne: unversehrt
8 songer à qn/qc: penser à qn/qc
9 se blottir contre qn/qc: sich an jdn./etw. kuscheln
10 le flanc: *hier* die Brust
11 la poignée: (Halte)griff
12 luire: briller
13 régner: *ici* exister

10

Il se dit qu'elle a raison. Il se dit qu'il faut qu'il mange, qu'il prenne des forces, pour l'enfant sinon pour lui.

Il n'oubliera jamais la saveur[1] muette[2] de cette première soupe, avalée sans cœur[3], alors qu'il vient de débarquer[4], qu'au-dehors il fait si froid, et qu'au-dehors, ce n'est pas son pays, c'est un pays étrange[5] et étranger, et qui le restera toujours pour lui, malgré le temps qui passera, malgré la distance toujours plus grande entre les souvenirs et le présent.

La soupe est comme l'air de la ville qu'il a respiré en descendant du bateau. Elle n'a pas vraiment d'odeur, pas vraiment de goût. Il n'y reconnaît rien. Il n'y trouve pas le délicieux picotement[6] de la citronnelle[7], la douceur de la coriandre fraîche, la suavité[8] des tripes cuites[9]. La soupe entre dans sa bouche et dans son corps, et c'est soudain tout l'inconnu de sa vie nouvelle qui vient en lui.

Le soir, la femme conduit Monsieur Linh et l'enfant dans un dortoir[10]. L'endroit est propre et spacieux. Deux familles de réfugiés[11] y sont déjà installées depuis trois semaines. Elles ont pris leurs habitudes et leurs aises[12]. Elles se connaissent pour être originaires de la même province du sud. Ensemble, elles ont fui, dérivé[13] longtemps sur une épave[14], avant d'être

---

1   la saveur: le goût
2   muet/te: *hier* fad
3   sans cœur: *ici* sans plaisir
4   débarquer: arriver
5   étrange: bizarre
6   le picotement: Kribbeln, Prickeln
7   la citronnelle: Zitronengras
8   la suavité: Zartheit
9   les tripes cuites *f. pl.*: gekochte Kutteln
10   le dortoir: salle où dorment plusieurs personnes
11   le/la réfugié/e: Flüchtling
12   prendre ses aises *f. pl.*: sich wie zu Hause fühlen
13   dériver: *hier* treiben
14   l'épave *f.*: ce qui reste d'un bateau

recueillies[1] à bord d'un vrai bateau. Il y a deux hommes, jeunes. L'un a une femme, l'autre, deux. Les enfants au nombre de onze sont bruyants et joyeux[2]. Tous regardent le vieil homme comme un gêneur[3], et le nourrisson qu'il porte,
5 avec des yeux étonnés, un peu hostiles[4]. Monsieur Linh sent qu'il les dérange. Malgré tout, ils se forcent à[5] lui faire bon accueil[6], s'inclinent[7] devant lui, l'appellent *Oncle*, comme c'est la coutume[8]. Les enfants veulent prendre la petite *Sang diû* dans leurs bras, mais il leur dit d'une voix calme qu'il
10 n'y tient[9] pas. Il la garde contre lui. Les enfants haussent les épaules[10]. Les trois femmes chuchotent[11], puis se détournent. Les deux hommes se rassoient dans un angle[12] et reprennent leur partie de mah-jong[13].

Le vieil homme regarde le lit qu'on lui a attribué[14]. Il pose
15 délicatement l'enfant à terre, enlève le matelas[15] du sommier[16], le place à même le sol. Il couche l'enfant sur le matelas. Enfin, il s'allonge[17] à côté d'elle, tout habillé, tenant dans sa main la poignée[18] de sa valise. Il ferme les yeux, oublie les familles

1 recueillir qn: recevoir qn
2 joyeux/-euse: avec joie
3 le gêneur: Störenfried
4 hostile: ≠ amical/e
5 se forcer à faire qc: s'obliger à faire qc
6 faire bon accueil à qn: jdn. freundlich empfangen
7 s'incliner: sich verbeugen
8 la coutume: l'habitude *f.*
9 tenir à qc: *ici* vouloir qc
10 hausser les épaules: mit den Schultern zucken
11 chuchoter: parler à voix basse, très doucement
12 l'angle *m.*: le coin
13 le mah-jong: traditionelles Brettspiel aus China
14 attribuer qc à qn: donner qc à qn
15 le matelas: Matratze
16 le sommier: Lattenrost
17 s'allonger: sich hinlegen
18 la poignée: der Griff

qui se sont mises en cercle[1] et commencent à manger. Il ferme les yeux et s'endort en songeant aux parfums du pays natal.

Sujets d'étude

1. Qui est Monsieur Linh ? Résumez ce que le lecteur apprend sur son origine, sa famille et sa situation actuelle.

2. Indiquez les raisons et événements qui ont poussé le vieil homme à quitter son pays.

3. En partant d'une analyse du comportement et des pensées de Monsieur Linh, dégagez les sentiments qu'il éprouve. Présentez les résultats dans un tableau.

4. Quelle importance a sa valise pour Monsieur Linh ? Cherchez des informations dans le texte et écrivez à deux un poème sur cette valise.

5. Si vous partiez pour toujours, que prendriez-vous avec vous ? Justifiez.

---

1 se mettre en cercle: sich im Kreis hinsetzen

13

II

Des jours passent. Monsieur Linh ne quitte pas le dortoir. Il consacre[1] son temps à s'occuper de l'enfant, avec des gestes tout à la fois attentionnés[2] et malhabiles[3]. La petite ne se révolte pas. Elle ne pleure jamais, ne crie pas davantage.
5 C'est comme si, à sa façon, en réprimant[4] ses pleurs et ses désirs impérieux[5] de nourrisson, elle voulait aider son grand-père. C'est ce que pense le vieil homme. Les enfants le regardent et souvent se moquent de lui, mais sans oser le faire à haute voix. Les femmes parfois rient aussi en le
10 voyant s'empêtrer[6] dans ses gestes alors qu'il la change ou la lave :
   « *Oncle*, vous n'y connaissez rien ! Laissez-nous faire ! Nous n'allons pas la casser ! »
   Et elles rient de plus belle[7]. Les enfants aussi, encore plus
15 fort que leurs mères. Mais à chaque fois, d'un signe de tête, il refuse leur aide. Les hommes soufflent d'un air désolé. Ils reprennent leurs palabres[8] et leurs jeux. Monsieur Linh se moque de ce qu'ils peuvent penser[9] de lui. Rien d'autre

---

1 consacrer: *ici* utiliser
2 attentionné/e: aufmerksam (→ l'attention *f.*)
3 malhabile: maladroit/e
4 réprimer qc: etw. unterdrücken
5 impérieux/-euse: *ici* nécessaire
6 s'empêtrer dans qc: sich in etw. verfangen
7 de plus belle: à nouveau et encore plus
8 la palabre: la conversation
9 se moquer de ce que les autres pensent: sich nicht darum kümmern, was die anderen denken

14

ne compte que sa petite fille. Il veut s'en occuper le mieux possible. Souvent, il lui chante la chanson.

La femme du premier jour, celle qu'il a surnommée en lui-même *la femme du quai,* vient chaque matin apporter des provisions et s'enquérir[1] de la santé de tous. Une jeune fille l'accompagne. Elle sait la langue du pays. Elle sert d'interprète.

« Vous n'êtes pas encore sorti, *Oncle* ? Pourquoi ne sortez-vous pas ? Il faut prendre l'air ! »

Il dit non, en silence. Il n'ose pas avouer qu'il a peur de sortir, d'aller dans cette ville inconnue, dans ce pays inconnu, peur de croiser[2] des hommes et des femmes dont il ne connaît pas les visages et ne comprend pas la langue.

La jeune interprète regarde l'enfant, puis parle un long moment à la femme du quai. La femme lui répond. Elles discutent ensemble. La jeune fille reprend.

« La petite va dépérir[3] si vous ne l'emmenez pas promener ! Regardez, *Oncle*, elle a un teint si blanc, on dirait presque un jeune fantôme… »

Les mots de la jeune fille l'inquiètent. Il n'aime pas les fantômes. Il y en a déjà trop qui viennent le tourmenter[4] dans ses nuits. Il serre un peu plus *Sang diû* contre lui, et promet de la promener le lendemain, si le temps n'est pas trop froid.

« Le froid ici, *Oncle*, lui dit la jeune fille, c'est comme la pluie chaude du pays, il faudra vous y habituer. »

La femme du quai s'en va avec la jeune fille interprète. Monsieur Linh les salue cérémonieusement[5], ainsi qu'il le fait toujours.

---

1 s'enquérir de qc: se renseigner sur qc
2 croiser qn: rencontrer qn
3 dépérir: perdre ses forces, son énergie
4 tourmenter qn: faire souffrir qn
5 cérémonieusement: avec cérémonie

15

Le lendemain, pour la première fois, il sort du dortoir et retrouve le dehors. Il y a du vent, un vent qui vient de la mer et dépose un peu de sel sur les lèvres. Le vieil homme passe sa langue sur ses lèvres pour y prendre le goût du
5   sel. Il a revêtu[1] tous les vêtements que la femme du quai lui a donnés le lendemain de son arrivée. Il a sur lui une chemise, trois pulls, un manteau de laine un peu trop grand, un imperméable, ainsi qu'un bonnet à rabats[2]. Il ressemble ainsi à une sorte de gros épouvantail[3] boursouflé[4]. Il a aussi
10 revêtu l'enfant de tous les vêtements qu'il a demandés pour elle à la femme du quai. On croirait qu'il porte dans ses bras un énorme ballon de forme oblongue[5].

« N'allez pas vous perdre, *Oncle*, la ville est grande ! » lui ont lancé les femmes quand il s'est apprêté[6] à sortir. Elles
15 ont dit cela en riant.

« Attention à ce qu'on ne vous vole pas l'enfant ! » a repris l'une d'elles. Ils ont alors tous ri, les femmes, leurs fils et leurs filles. Les hommes aussi, qui ont levé les yeux. Ils ont ri en le voyant ainsi accoutré[7] et l'un d'eux a crié,
20 au travers de la fumée âcre[8] des cigarettes que tous deux fument sans cesse[9] en jouant : « Si vous n'êtes pas rentré dans un an, on préviendra le bureau des réfugiés ! » Il les a salués et il est sorti, terrorisé par ce que les femmes venaient de dire, à propos des enfants que l'on vole.
25 Monsieur Linh a marché droit devant lui, en ne changeant jamais de trottoir. Il s'est dit que s'il ne changeait jamais de

---

1   revêtir qc: mettre qc
2   le bonnet à rabats: Mütze mit Ohrenklappen
3   l'épouvantail *m*.: Vogelscheuche
4   boursouflé/e: aufgeblasen
5   oblong/-gue: länglich
6   s'apprêter: se préparer
7   accoutré/e: habillé/e de façon bizarre
8   âcre: *hier* beißend
9   sans cesse: sans s'arrêter

trottoir, et ne traversait aucune route, il ne pourrait pas se perdre. Il lui suffirait de revenir sur ses pas pour retrouver l'immeuble du dortoir. Alors il marche droit devant lui, en tenant l'enfant contre lui, l'enfant subitement[1] devenue énorme à cause de tous les vêtements qui couvrent son corps. 5 Le froid colore ses joues[2] qui dépassent[3] des lainages[4] : la petite a bien vite un visage d'un beau rose tendre[5] qui lui rappelle les boutons de nénuphars[6], ceux qui éclosent[7] au tout début du printemps dans les mares[8]. Lui, ses yeux pleurent. Le froid fait venir les larmes qu'il laisse couler sur 10 son visage sans pouvoir les essuyer[9] car il tient sa petite fille des deux mains, afin qu'aucun voleur ne puisse la lui prendre.

Il avance sur le trottoir sans vraiment regarder la ville, trop occupé à sa marche même. La femme du quai et la 15 jeune fille interprète ont eu raison. C'est vrai que cela fait du bien de bouger un peu, de marcher, et l'enfant qui le regarde avec ses petits yeux brillants comme une pierre noire et précieuse semble penser de même.

Monsieur Linh marche ainsi, un long moment, se rendant 20 à peine compte qu'il repasse sans cesse devant l'immeuble du dortoir, car ne quittant jamais le même trottoir, sa promenade circulaire[10] lui fait simplement faire le tour d'un grand pâté de maisons[11].

---

1 subitement: tout à coup
2 la joue: Wange
3 dépasser de qc: aus etw. herausragen
4 le lainage: Wollstoff (→ la laine)
5 tendre: zart
6 le bouton de nénuphar: Knospe der Seerose
7 éclore: *ici* s'ouvrir
8 la mare: le petit lac
9 essuyer qc: etw. wegwischen
10 circulaire: kreisförmig (→ le cercle)
11 le pâté de maisons: Häuserblock

Au bout d'une heure environ, il se sent fatigué et s'assoit sur un banc, face à un parc qui est de l'autre côté de la rue. Il installe la petite sur ses genoux[1], et prend dans sa poche une enveloppe[2] dans laquelle il a glissé du riz cuit. Il met le riz
5 dans sa bouche, le mastique[3] pour le rendre plus onctueux[4], comme une bouillie[5], puis le retire de sa bouche et le donne à l'enfant. Il laisse ensuite aller ses yeux tout autour de lui.

Rien ne ressemble à ce qu'il connaît. C'est comme de venir au monde une seconde fois. Passent des voitures qu'il n'a
10 jamais vues, en nombre incalculable[6], dans un ballet fluide[7] et réglé. Sur les trottoirs, les hommes et les femmes marchent très vite, comme si leur survie[8] en dépendait. Aucun n'est en guenilles[9]. Aucun ne mendie[10]. Personne ne fait attention à personne. Il y a aussi beaucoup de magasins. Leurs
15 vitrines larges et spacieuses débordent de[11] marchandises[12] dont le vieil homme ne soupçonnait[13] même pas l'existence. Regarder cela lui donne le tournis[14]. Il repense à son village comme on pense à un songe qu'on a fait[15] et dont on ne sait plus très bien s'il est vraiment songe ou réalité perdue.
20 Au village, il n'y avait qu'une rue. Une seule. Le sol était de terre battue[16]. Quand la pluie tombait, violente et droite,

1	le genou: Knie
2	l'enveloppe *f.*: Briefumschlag
3	mastiquer qc: etw. kauen
4	onctueux/-euse: weich, sämig
5	la bouillie: Brei
6	incalculable: qu'on ne peut pas calculer
7	fluide: fließend
8	la survie: Überleben (→ survivre)
9	en guenilles *f. pl.*: in Lumpen
10	mendier: betteln
11	déborder de qc: être plein de qc
12	la marchandise: Ware
13	soupçonner qc: *hier* etw. ahnen
14	le tournis: Schwindel
15	faire un songe: rêver
16	la terre battue: gestampfte Erde

18

la rue devenait un ruisseau[1] furieux dans lequel les enfants
nus se coursaient[2] en riant. Lorsqu'il faisait sec, les cochons
y dormaient en se vautrant dans la poussière[3], tandis que
les chiens s'y poursuivaient en aboyant[4]. Au village, tout le
monde se connaissait, et chacun en se croisant se saluait. Il y   5
avait en tout douze familles, et chacune de ces familles savait
l'histoire des autres, pouvait nommer les grands-parents,
les aïeux[5], les cousins, connaissait les biens que les uns et
les autres possédaient. Le village en somme était comme
une grande et unique famille, répartie[6] dans des maisons   10
dressées sur des pilotis[7], et sous lesquelles les poules et les
canards fouillaient le sol et caquetaient[8]. Le vieil homme
se rend compte que lorsqu'il parle en lui-même du village,
c'est au passé qu'il le fait. Cela lui pince le cœur[9]. Il sent
vraiment son cœur se pincer, alors il pose fortement sa main   15
libre sur sa poitrine[10], à la place du cœur, pour faire cesser le
pincement.

Monsieur Linh n'a pas froid sur le banc. Penser au village,
même au passé, c'est un peu y être encore, alors qu'il sait
qu'il n'en reste rien, que toutes les maisons ont été brûlées   20
et détruites, que les animaux sont morts, chiens, cochons,
canards, poules, ainsi que la plupart des hommes, et que
ceux qui ont survécu sont partis aux quatre coins du monde[11],
comme lui l'a fait. Il relève le col[12] de son imperméable et

---

1   le ruisseau: Bach
2   se courser: *hier* Fangen spielen
3   se vautrer dans la poussière: sich im Staub wälzen
4   aboyer: parler (pour un chien)
5   les aïeux *m. pl.*: les ancêtres *m. pl.*
6   réparti/e: distribué/e
7   une maison dressée sur des pilotis: Pfahlbauhaus
8   caqueter: gackern
9   il sent son cœur se pincer: il ressent une douleur au cœur
10   la poitrine: Brust
11   aux quatre coins du monde: in alle Ecken der Welt
12   le col: Kragen

caresse[1] le front de l'enfant qui dort. Il essuie le riz qui a coulé de part et d'autre[2] de la bouche de la petite.

Sujets d'étude
1. Décrivez l'ambiance qui règne au dortoir.
2. La jeune interprète et la femme du quai « discutent ensemble. » (p. 14, l. 16). Imaginez ce dialogue et présentez-le en classe.
3. Dans la littérature narrative, il y a plusieurs points de vue narratifs. Identifiez le point de vue dont se sert le narrateur dans ce chapitre. Donnez trois phrases ou expressions pour justifier votre réponse. Quel effet se produit-il sur le lecteur ?
4. Dans le texte on trouve peu de noms de lieu et de personnes. Expliquez pourquoi.
5. Analysez la description du village natal de Monsieur Linh et celle de sa nouvelle ville. Notez les éléments caractéristiques dans un tableau.
6. Discutez les avantages et les désavantages de la vie dans une grande ville ou dans un petit village. Où préféreriez-vous vivre, si vous viviez à l'étranger (au pair par exemple) ?

○ Il y a tout le temps des guerres, c'est la raison pour laquelle
○ le point de vue interne un pays est pas mentionné
○ on peut imaginer ce qu'il pense ———
                            dans la même level

---

1   caresser qn/qc: jdn./etw. streicheln
2   de part et d'autre de qn/qc: des deux côtés de qn/qc

 M Bark

Il s'aperçoit soudain qu'ils ne sont plus seuls sur le banc : un homme s'est assis qui le regarde et regarde la petite aussi. Il doit avoir le même âge que Monsieur Linh sans doute, peut-être un peu moins vieux tout de même. Il est plus grand, plus gros, et porte moins de vêtements. L'homme esquisse[1] un sourire.

« Pas chaud, hein ? »

Il souffle sur ses mains, prend un paquet de cigarettes dans une de ses poches, tape sur le fond[2] avec un geste précis qui fait jaillir[3] une cigarette. Il tend le paquet à Monsieur Linh, qui fait non de la tête.

« Vous avez raison, dit l'homme, je devrais arrêter… Mais avec tout ce qu'on devrait arrêter ! »

Il met la cigarette entre ses lèvres, d'un geste simple et doux. Il l'allume, en aspire longuement la première bouffée[4], ferme les yeux.

« C'est tout de même bon… », finit-il par murmurer.

Le vieil homme ne comprend rien à ce que dit celui qui vient de s'asseoir. Pour autant, il sent que les paroles[5] ne sont pas hostiles.

« Vous venez souvent ici ? » reprend l'homme. Mais il ne semble pas attendre de réponse. Il aspire la fumée de sa

---

1 esquisser qc: etw. andeuten
2 le fond de qc: la partie la plus basse de qc
3 jaillir: sortir
4 aspirer une bouffée: einen Zug (an einer Zigarette) nehmen
5 la parole: le discours

cigarette, comme s'il en goûtait[1] chaque bouffée. Il continue à parler, sans vraiment regarder Monsieur Linh.

« Moi, je viens presque tous les jours. Ce n'est pas que c'est très joli, mais l'endroit me plaît, il me rappelle des souvenirs. »

Il se tait, jette un œil à l'enfant sur les genoux du vieil homme, puis il regarde le vieil homme engoncé[2] dans ses couches[3] de vêtements, et revient ensuite au visage de l'enfant :

« Une belle petite poupée que vous avez là. Comment s'appelle-t-elle ? » Il joint le geste à la parole, montrant l'enfant du doigt et relevant le menton[4] d'un air interrogatif[5]. Monsieur Linh comprend.

« *Sang diû* », dit-il.

« *Sans Dieu*…, reprend l'homme, drôle de prénom. Moi c'est Bark, et vous ? » et il lui tend la main.

« *Tao-laï* », dit Monsieur Linh, selon la formule de politesse qu'on utilise dans la langue du pays natal pour dire bonjour à quelqu'un. Et il serre dans ses deux mains la main de son voisin. Une main de géant[6], aux doigts énormes, calleux[7], blessés, striés de crevasses[8].

« Eh bien, bonjour Monsieur Tao-laï », dit l'homme en lui souriant.

« *Tao-laï* », répète une fois encore le vieil homme tandis que tous deux se serrent longuement la main.

---

1 goûter qc: apprécier qc, trouver qc agréable
2 engoncé/e: eingezwängt
3 la couche: Schicht
4 le menton: Kinn
5 d'un air interrogatif: qui semble poser une question
6 le géant: un homme extrêmement grand
7 calleux/-euse: schwielig
8 strié/e de crevasses: rissig

22

Le soleil perce[1] les nuages. Ce qui n'empêche pas le ciel de demeurer[2] gris, mais d'un gris qui s'ouvre sur des trouées[3] blanches, à des hauteurs vertigineuses[4]. La fumée de Monsieur Bark semble vouloir rejoindre le ciel. Elle s'échappe[5] de ses lèvres, puis monte très vite. Parfois, il la souffle par ses narines[6]. Monsieur Linh pense alors aux naseaux[7] des buffles, aux feux aussi, allumés dans la forêt le soir afin d'éloigner les bêtes sauvages, et qui se consument[8] avec lenteur durant les heures de la nuit.

« Ma femme est morte, dit Monsieur Bark tout en écrasant le mégot[9] de sa cigarette sur le trottoir avec le talon[10] de sa chaussure. Cela fait deux mois. Deux mois, c'est à la fois long, et très court aussi. Je ne sais plus au juste[11] mesurer le temps. J'ai beau me dire[12], deux mois, deux mois, c'est-à-dire huit semaines, c'est-à-dire cinquante-six jours, cela ne représente plus rien pour moi. »

Il reprend son paquet de cigarettes, en tend de nouveau une au vieil homme, qui refuse encore, en souriant, puis il la glisse entre ses lèvres, l'allume, tire la première bouffée, les yeux clos[13].

---

1 percer qc: faire un trou dans qc
2 demeurer: rester
3 la trouée: le trou
4 vertigineux/-euse: schwindelerregend
5 s'échapper de qc: sortir de qc
6 la narine: Nasenflügel
7 le naseau: Nüster
8 se consumer: se détruire par le feu
9 écraser le mégot: Zigarettenkippe ausdrücken
10 le talon: Fußabsatz
11 au juste: exactement
12 avoir beau faire: essayer sans succès
13 clos/e: fermé/e

« Elle travaillait en face, dans le Parc. Elle tenait un manège[1], vous avez déjà dû le voir, forcément[2], des petits chevaux en bois verni[3], un manège à l'ancienne, il n'y en a plus guère. »

Monsieur Bark se tait. Il fume en silence. Monsieur Linh attend que la voix reprenne. Sans qu'il sache le sens des mots de cet homme qui est à côté de lui depuis quelques minutes, il se rend compte qu'il aime entendre sa voix, la profondeur de cette voix, sa force grave. Peut-être d'ailleurs[4] aime-t-il entendre cette voix parce que précisément il ne peut comprendre les mots qu'elle prononce, et qu'ainsi il est sûr qu'ils ne le blesseront pas, qu'ils ne lui diront pas ce qu'il ne veut pas entendre, qu'ils ne poseront pas de questions douloureuses, qu'ils ne viendront pas dans le passé pour l'exhumer[5] avec violence et le jeter à ses pieds comme une dépouille sanglante[6]. Il regarde son voisin, tout en serrant l'enfant sur ses genoux.

« Vous êtes sans doute marié, ou l'avez été, je ne veux pas être indiscret, reprend Monsieur Bark, mais vous devez me comprendre. Je l'attendais toujours sur ce banc. Elle fermait son manège à cinq heures en hiver, sept heures en été. Je la voyais de l'autre côté de la rue, quand elle sortait du Parc. Elle me faisait un signe de la main. Moi aussi je lui en faisais un, de signe. Mais je vous ennuie, excusez-moi… »

Monsieur Bark a posé sa main sur l'épaule de Monsieur Linh, en même temps qu'il a prononcé ces dernières paroles. Le vieil homme sent, au travers des[7] nombreuses couches

---

1   le manège: das Karussell
2   forcément: *fam.* sans doute
3   verni/e: lackiert
4   d'ailleurs: im Übrigen
5   exhumer qn/qc: *ici* tirer qn/qc de l'oubli
6   la dépouille sanglante: le cadavre plein de sang
7   au travers de: à travers

24

de vêtements, l'étreinte[1] de la main épaisse[2], qui s'attarde[3] un peu. Il n'ose plus faire un geste. Soudain une idée lui traverse l'esprit, comme une lame[4]. Et si cet homme était un voleur d'enfants, comme le disaient les femmes du dortoir ? Il tremble. Serre l'enfant très fort contre lui. Son visage doit trahir[5] sa peur car Monsieur Bark se rend compte que quelque chose vient de se produire. Gêné, il enlève sa main de l'épaule.

« Oui, excusez-moi, je parle, je parle, c'est que je parle si peu désormais[6]… Je vais vous laisser. »

Et il se lève. Aussitôt, le cœur de Monsieur Linh bat moins vite, se calme. Un sourire revient sur son visage et ses mains desserrent leur étreinte[7] sur le corps de la petite. Il s'en veut d'avoir eu un mauvais sentiment à l'égard de cet homme dont le visage est tout à la fois triste et chaleureux. Monsieur Bark soulève son chapeau.

« Au revoir, Monsieur Tao-laï, ne m'en veuillez pas [8]pour tout ce que je vous ai dit… Peut-être à un autre jour ! »

Monsieur Linh s'incline à trois reprises[9] et serre la main que Monsieur Bark lui tend. Il le regarde s'éloigner jusqu'au moment où Monsieur Bark se perd dans la foule, une foule calme, sans cris, sans heurts[10], qui va, souple[11] et noueuse[12] comme un gros serpent de mer.

---

1 l'étreinte *f.*: Druck
2 épais/se: massif/-ive
3 s'attarder: rester longtemps à un endroit
4 une idée lui traverse l'esprit comme une lame: ein Gedanke durchzuckt ihn wie ein Blitz
5 trahir qn/qc: *ici* montrer qc
6 désormais: maintenant
7 desserrer l'étreinte *f.*: Umarmung lockern
8 ne m'en voulez pas: ne soyez pas en colère contre moi
9 à trois reprises: trois fois
10 le heurt: le choc, la collision
11 souple: ≠ dur/e
12 noueux/-euse: *etwa* elastisch

Sujets d'étude

1. Caractérisez Monsieur Bark. Parlez de son âge, de son physique, de sa situation familiale et de son caractère.

2. Monsieur Linh est sûr que les mots de Monsieur Bark ne « poseront pas de questions douloureuses. » (p. 23, l. 10-11). Expliquez cette phrase en formulant trois questions.

3. Travaillez en groupe. Présentez un tableau figé qui visualise la relation entre Monsieur Linh et les autres personnages du roman.

4. Analysez la communication existant entre Monsieur Linh et Monsieur Bark en vous référant aux différents canaux de communication (verbal, non-verbal : audio, facial, gestuel).

5. Comparez le point de vue narratif employé dans ce chapitre à celui du chapitre précédent. Quel est l'effet produit sur le lecteur ?

o narrateur omniscient

IV

 ① AU DORTOIR

Le lendemain, le vieil homme sort du dortoir à la même heure. Il s'est vêtu[1] comme la veille. Il a habillé la petite de la même façon également. Les femmes et les enfants se sont encore moqués de lui. Les hommes n'ont quant à eux pas même levé les yeux. Ils étaient trop occupés à jouer.

Parfois ils se disputent. L'un accuse l'autre de tricher[2]. Le ton monte. Les jetons[3] et les pièces[4] volent. Puis tout se calme soudainement. Ils fument des cigarettes qui laissent dans le dortoir un nuage gris, aux senteurs[5] fortes et irritantes[6].

Le matin, le dortoir est calme car les trois épouses sortent avec les enfants. Les enfants commencent à s'accaparer[7] la ville. Ils reviennent avec des mots que Monsieur Linh ne comprend pas, et qu'ils font sonner à haute voix dans le dortoir. Les femmes portent dans leurs bras les denrées[8] qu'elles sont allées chercher au bureau des réfugiés, puis elles préparent le repas. Il y a toujours une part pour Monsieur Linh. C'est la tradition qui le veut. Monsieur Linh est le plus âgé. C'est un vieillard. Les femmes se doivent de[9] le nourrir[10]. Il le sait. Il sait bien qu'elles n'agissent pas ainsi

---

1 se vêtir: s'habiller
2 tricher: tromper au jeu
3 le jeton: une pièce ronde et plate pour jouer
4 la pièce: *ici* la pièce de monnaie
5 le senteur: l'odeur *f.*
6 irritant/e: pas agréable
7 s'accaparer qc: etw. in Beschlag nehmen
8 la denrée: la nourriture
9 se devoir de faire qc: être moralement obligé de faire qc
10 nourrir qn: donner à manger à qn

par bonté[1] ni par amour. D'ailleurs, quand l'une ou l'autre lui porte son bol, elle fait une moue[2] qui ne le trompe pas. Elle pose le bol devant lui, tourne le dos, s'éloigne sans rien dire. Il la remercie en s'inclinant mais elle ne voit même pas son geste.

Il n'a jamais faim. Il serait seul, il ne mangerait pas. D'ailleurs, s'il avait été seul, il ne serait même pas là, dans ce pays qui n'est pas le sien. Il serait resté dans son pays. Il n'aurait pas quitté les ruines du village. Il serait mort en même temps que le village. Mais il y a l'enfant, sa petite fille. Aussi se force-t-il à manger bien que la nourriture dans sa bouche lui semble du carton et lorsqu'il l'avale, il ressent comme une nausée[3].

Monsieur Linh marche sur le trottoir avec précaution[4]. L'enfant contre lui ne bouge pas. Elle est tranquille, toujours. Tranquille comme le matin lorsqu'il se lève et peu à peu dissipe[5] la nuit qui avait enfermé le village, les rizières et la forêt dans son manteau de ténèbres[6].

Le vieil homme avance en faisant des petits pas. Il fait aussi froid que la veille mais les nombreux habits[7] le protègent. Seuls ses yeux, sa bouche et le bout de son nez s'engourdissent[8] sous la morsure de l'air[9]. La foule est toujours aussi nombreuse. Où peuvent-ils donc aller tous ces gens ? Monsieur Linh n'ose pas vraiment les regarder. Il laisse ses yeux baissés vers le sol[10]. De temps à autre

---

1 la bonté : le caractère d'une personne bonne
2 la moue : la grimace
3 la nausée : Übelkeit
4 avec précaution : prudemment (→ prudent/e)
5 dissiper qc : faire disparaître qc
6 les ténèbres *f. pl.* : Finsternis
7 l'habit *m.* : les vêtements *m. pl.*
8 s'engourdir : *ici* ne plus rien sentir
9 la morsure de l'air : *hier* beißende Kälte
10 le sol : Boden

simplement, il les relève et voit alors des visages, un océan
de visages, venir vers lui, le dépasser, le frôler[1], mais aucun
de ces visages ne fait attention à lui, et encore moins à
l'enfant qui repose dans ses bras.

Toutes ces femmes, tous ces hommes, Monsieur Linh n'en 5
a jamais vu autant. Il y avait si peu d'habitants au village.
Parfois, bien sûr, il allait au marché de la petite ville du district,
mais là encore il connaissait tout le monde. Les paysans qui
venaient y vendre leurs marchandises, ou bien en acheter,
vivaient dans d'autres villages pareils au sien, entre rizières 10
et forêts, sur le flanc des montagnes dont on ne voyait que
rarement les sommets[2] car ils étaient souvent empanachés[3]
de brume. Des liens de parenté plus ou moins lointains, des
mariages, des cousinages, les reliaient les uns aux autres.
On parlait beaucoup sur le marché. On riait. On se disait les 15
nouvelles, les morts et les contes. On pouvait s'asseoir sur
les tabourets[4] d'un des petits restaurants ambulants[5] pour
y manger une soupe au liseron[6], ou bien un gâteau de riz
gluant[7]. Les hommes racontaient des histoires de chasse[8],
parlaient des cultures[9]. Les plus jeunes regardaient les filles 20
qui rougissaient soudainement et se parlaient alors à l'oreille
en roulant des yeux.

À songer à cela, Monsieur Linh s'est pris à[10] rêver. Mais
soudain un choc sourd manque de le faire tomber. Il titube[11].

---

1 frôler qn/qc: toucher légèrement qn/qc
2 le sommet: la partie la plus haute d'une montagne
3 empanaché/e: entouré/e
4 le tabouret: Schemel
5 ambulant/e: mobile
6 le liseron: Wasserkastanie
7 le riz gluant: Klebreis
8 la chasse: Jagd
9 la culture: Anbau
10 se prendre à faire qc: commencer à faire qc
11 tituber: torkeln

29

③ LA RENCONTRE AVEC LA FEMME

L'enfant ! L'enfant ! Il serre de toutes ses forces la petite *Sang diû* contre lui. Il retrouve peu à peu son équilibre. Son vieux cœur cogne[1] dans sa poitrine. Il va la fracasser[2]. Monsieur Linh lève les yeux. Une grosse femme lui parle.

5 Elle crie plutôt. Elle est beaucoup plus grande que lui. Son visage est mauvais. Elle secoue la tête[3], fronce les sourcils[4]. La foule passe, sans prêter attention à ce qu'elle dit sur un ton de colère. La foule passe, comme un troupeau[5] aveugle et sourd.

10 Monsieur Linh s'incline à plusieurs reprises devant la grosse femme pour lui faire comprendre qu'il s'excuse. La femme s'éloigne en grommelant[6] et en haussant les épaules. Le vieil homme sent son cœur affolé[7]. Il lui parle comme s'il s'agissait d'un animal aux abois[8]. Il essaie de le calmer.

15 Le cœur semble comprendre. Il s'apaise[9]. C'est comme un chien qui se coucherait de nouveau devant le seuil[10] de la maison après avoir aboyé de peur en entendant le tonnerre et l'orage.

Monsieur Linh regarde sa petite fille. Elle ne s'est pas 20 réveillée. Elle ne s'est aperçue de rien. Le choc a simplement fait glisser le bonnet et la capuche[11] qui la protègent. Le vieil homme rajuste[12] les vêtements. Il caresse le front de l'enfant. Il lui murmure la chanson. Il sait qu'elle l'entend, même pendant son sommeil. C'est une très vieille chanson.

---

1 cogner: battre
2 fracasser qc: briser qc, détruire qc
3 secouer la tête: bouger la tête (pour dire oui ou non)
4 froncer les sourcils: Augenbrauen zusammenziehen
5 le troupeau: un groupe d'animaux
6 grommeler: murren
7 affolé/e: paniqué/e
8 aux abois: dans une situation dramatique
9 s'apaiser: se calmer
10 le seuil: Schwelle
11 la capuche: Kapuze
12 rajuster qc: remettre qc en ordre

30

(handwritten: (4) LA CHANSON + L'IMPORTANCE DE LA)

Monsieur Linh l'a entendue de la bouche de sa grand-mère, qui elle-même la savait de sa propre grand-mère. C'est une chanson qui vient de la nuit des temps[1], et que les femmes chantent à toutes les petites filles du village, lorsqu'elles viennent au monde, et cela depuis que le village existe. 5
Voici ce que dit la chanson :

(handwritten: (4))

> « *Toujours il y a le matin*
> *Toujours revient la lumière*
> *Toujours il y a un lendemain* 10
> *Un jour c'est toi qui seras mère.* »

Les mots viennent sur les lèvres de Monsieur Linh, ses vieilles lèvres, minces et craquelées[2]. Et les mots sont un baume[3] qui adoucit[4] ses lèvres, ainsi que son âme[5]. Les 15 mots de la chanson se jouent du[6] temps, du lieu et de l'âge. Grâce à eux, il est facile de revenir où l'on est né, où l'on a vécu, dans la maison de bambou au sol à claire-voie[7], tout imprégnée[8] de l'odeur des feux sur lesquels on cuit le repas tandis que la pluie égoutte[9] sur le toit de feuilles son pelage[10] 20 clair et liquide.

(handwritten: La)

1	la nuit des temps: une époque très éloignée dans le passé
2	craquelé/e: rissig
3	le baume: Balsam
4	adoucir qc: rendre qc plus doux/-ce
5	l'âme *f.*: Seele
6	se jouer de qn/qc: se moquer de qn/qc, ne pas respecter qn/qc
7	le sol à claire-voie: Bretterboden
8	imprégné/e: erfüllt
9	égoutter: laisser tomber des gouttes
10	le pelage: la fourrure d'un animal

Sujets d'étude

1. Divisez le chapitre en quatre parties et donnez des titres.
2. Résumez ce que pense Monsieur Linh de la foule qu'il voit passer. Que ressent-il face à ce spectacle ?
3. Pourquoi le vieil homme chante-t-il toujours la même chanson ? Formulez des hypothèses.

32

V

La chanson fait du bien au vieil homme. Il en oublie le froid et aussi la grosse dame dans laquelle il est entré[1] tête baissée. Il marche. À petites foulées[2]. Comme s'il glissait sur le sol. Voilà déjà deux fois qu'il fait le tour du pâté de maisons, et il sent la fatigue le gagner. L'air froid vient dans sa gorge[3] et lui donne une sensation de brûlure[4], mais il se surprend à songer qu'au fond ce n'est pas si désagréable.

Par contre, lorsqu'il respire, il ne rencontre rien. Ce pays décidément ne sent rien, rien de familier ni de doux. Pourtant, la mer n'est pas loin. Monsieur Linh le sait. Il revoit encore le bateau sur lequel il est arrivé, le grand port bordé de grues[5] immenses qui piochaient[6] dans le ventre lourd des cargos[7] comme pour les dépecer[8]. Mais il a beau respirer, fermer les yeux et respirer encore, il ne sent pas l'odeur de la mer, ce mélange de chaleur, de salaison[9] et de poisson abandonné au soleil qui est la seule odeur de mer qu'il ait jamais connue, le jour où il lui a fallu aller jusqu'à la côte, à deux jours de marche du village, pour y rechercher une vieille tante à demi folle qui avait fini par s'y

---

1 entrer dans qn/qc: fa*m.* jdn./etw. rammen
2 la foulée: le pas
3 la gorge: Hals
4 la brûlure: Verbrennung
5 la grue: Kran
6 piocher: hacken, stochern
7 le cargo: *angl.* Frachtschiff
8 dépecer qc: mettre qc en morceaux
9 la salaison: l'action de saler la nourriture (→ le sel)

33

égarer[1]. Monsieur Linh sourit au souvenir de la tante, de sa
bouche édentée[2], de ses yeux brûlés de soleil, cette femme
aux marges[3] de la vie qui regardait la mer en lui parlant
comme s'il s'était agi d'un parent : « Te voilà, tu vois, j'ai
5 fini par te trouver, je te l'avais bien dit, inutile de te cacher
maintenant ! »
    La tante était partie du village une semaine plus tôt. Elle
avait erré dans les rizières pendant des jours et des nuits.
Elle y avait dormi et ses cheveux s'étaient mêlés de boue[4].
10 Ses vêtements s'étaient arrachés aux ronces[5] des chemins.
Elle ressemblait à ce qu'elle était devenue : une folle, vieille
et épuisée, qui parlait à la mer et qu'il avait fallu prendre par
la main pour la ramener[6] jusqu'au village, et durant tout le
voyage elle avait psalmodié[7] des malédictions[8] et des vœux,
15 croyant voir dans les paysannes rencontrées des nymphes et
dans les paysans courbés[9] sous les palanches[10] des mauvais
génies[11].
    Monsieur Linh était fort alors. Il avait porté la tante sur
son dos durant presque tout le voyage de retour. Tous ses
20 muscles saillaient[12] sur son corps. Il avait les bras puissants[13],
prompts à[14] arrêter un buffle en l'empoignant[15] par les cornes.

---

  1   s'égarer: se perdre
  2   édenté/e: qui a perdu ses dents
  3   la marge: Rand
  4   la boue: la terre pleine d'eau
  5   les ronces *f. pl.*: Dornenranken
  6   ramener qn: accompagner qn qui rentre chez lui
  7   psalmodié/e: chanté/e, récité/e
  8   la malédiction: fait de souhaiter le malheur de qn
  9   se courber: s'incliner
10   la palanche: pièce de bois pour transporter qc sur le dos
11   le mauvais génie: böser Geist
12   saillir: hervortreten
13   puissant/e: fort/e
14   prompt/e: rapide
15   empoigner par les cornes *f. pl.*: bei den Hörnern packen

34

Ses jambes aussi étaient puissantes, sur lesquelles il prenait appui[1] pour retourner[2] d'un coup de hanche[3] ses adversaires à la lutte durant la fête du village. C'était il y a longtemps. *Sang diû* n'était pas née, bien sûr. Ni le père de *Sang diû*, son fils. Monsieur Linh était encore un jeune homme qui n'avait pas pris femme et sur le chemin duquel les jeunes filles se retournaient et gazouillaient[4] à la façon des oiseaux au printemps.

Aujourd'hui, Monsieur Linh est vieux, et fatigué. Le pays inconnu l'épuise. La mort l'épuise. Elle l'a tété[5] comme les chevreaux[6] avides[7] le font avec leur mère, et que celle-ci se couche sur le flanc parce qu'elle n'en peut plus. La mort lui a tout pris. Il n'a plus rien. Il est à des milliers de kilomètres d'un village qui n'existe plus, à des milliers de kilomètres de sépultures[8] orphelines[9] des corps morts à quelques pas d'elles. Il est à des milliers de jours d'une vie qui fut jadis[10] belle et délicieuse.

Sans s'en apercevoir, Monsieur Linh vient de poser la main sur le banc en face du Parc. Celui où la veille il s'était reposé. Celui où cet homme un peu gros, aimable et souriant lui avait parlé et avait mis la main sur son épaule. Il s'assied et soudain lui revient le souvenir de cet homme, de sa bouche qui paraissait dévorer[11] les cigarettes, de ses yeux à la fois graves et rieurs, de la mélodie de sa voix qui

---

1 prendre appui sur qc: s'appuyer sur qc
2 retourner son adversaire: mettre son adversaire sur le dos
3 le coup de hanche: Hüftbewegung
4 gazouiller: chanter comme les oiseaux
5 téter qc: etw. aussaugen
6 le chevreau: Zicklein
7 avide: qui a très envie de qc
8 la sépulture: lieu où est enterré un mort
9 orphelin/e: qui a perdu ses parents, *ici* abandonné/e
10 jadis: dans le passé
11 dévorer: manger très rapidement

monologue

35

prononçait des mots qu'il ne comprenait pas, et le souvenir
du poids de sa main également, lorsqu'il la posa sur l'épaule,
et qu'il tressaillit[1] de peur, avant de se sentir honteux d'avoir
ainsi réagi.

5   Oui, c'était bien là, se dit Monsieur Linh tandis qu'il pose
l'enfant sur ses genoux après s'être assis sur le banc. La petite
a ouvert les yeux. Son grand-père lui sourit. « Je suis ton
grand-père, lui dit Monsieur Linh, et nous sommes tous les
deux, nous sommes deux, les deux seuls, les deux derniers.

10 Mais je suis là, n'aie crainte[2], il ne peut rien t'arriver, je suis
vieux mais j'aurai encore la force, tant qu'il le faudra, tant
que tu seras une petite mangue[3] verte qui aura besoin du
vieux manguier[4]. »

    Le vieil homme regarde les yeux de *Sang diû*. Ce sont

15 les yeux de son fils, ce sont les yeux de la femme de son fils,
et ce sont les yeux de la mère de son fils, son épouse bien-
aimée dont le visage en lui est toujours présent à la façon
d'une peinture finement tracée[5] et rehaussée[6] de couleurs
merveilleuses. Allons, voilà que son cœur bat de nouveau

20 trop fort, au souvenir de cette épouse en allée[7] il y a si
longtemps pourtant, alors qu'il était un homme jeune, que
son fils avait à peine trois ans et ne savait pas encore garder
les cochons ni lier le paddy[8].

    Elle avait des yeux très grands, d'un brun presque noir,

25 ourlés[9] de cils[10] aussi longs que des palmes, des cheveux

---

1   tressaillir: zusammenzucken
2   la crainte: la peur
3   la mangue: Mango
4   le manguier: l'arbre sur lequel pousse la mangue
5   tracer qc: dessiner qc
6   rehaussé/e: *ici* décoré/e
7   en allé/e: mort/e (→ s'en aller)
8   lier le paddy: Reisgräser zusammenbinden
9   ourler: (ein)säumen
10 le cil: Wimper

36

fins et soyeux[1] qu'elle nattait[2] sitôt les avoir lavés dans la
source. Lorsqu'elle marchait sur les chemins de terre, à
peine plus larges que deux mains réunies, qui couraient
entre les rizières, tout en maintenant sur sa tête une jatte[3]
pleine de beignets[4], son corps faisait rêver les garçons qui   5
labouraient[5] le sol enfoui[6] sous l'eau boueuse. Elle riait à
tous, innocemment[7], mais c'est Monsieur Linh qui l'avait
épousée, et c'est à lui qu'elle avait donné un bel enfant,
avant de mourir d'une fièvre mauvaise, ou peut-être d'un
sort[8] jeté par une femme stérile et jalouse qui avait jadis   10
convoité[9] Monsieur Linh.

Le vieil homme pense à tout cela. Assis sur ce banc qui
est devenu, en l'espace de deux jours seulement, un petit
endroit familier, un morceau de bois flotté[10] auquel il se serait
accroché au[11] beau milieu d'un large torrent[12], tourbillonnant[13]   15
et bizarre. Et il tient au chaud contre lui la dernière branche
du rameau, qui pour l'instant dort de son sommeil sans peur,
sans mélancolie ni tristesse, de ce sommeil de nourrisson
repu[14], heureux de trouver la chaleur de la peau aimée, son
onctuosité[15] tiède[16] et la caresse[17] d'une voix aimante.   20

---

1   soyeux/-euse: seiden
2   natter qc: etw. flechten
3   la jatte: Schüssel
4   le beignet: pâtisserie frite dans l'huile
5   labourer qc: etw. (um)pflügen
6   enfouir qc: mettre qc en terre
7   innocemment: avec innocence
8   le sort: Schicksal
9   convoiter qn/qc: désirer qn/qc très fort
10 le bois flotté: Treibholz
11 s'accrocher à qn/qc : sich an jdn./etw. klammern
12 le torrent: le cours d'eau
13 tourbillonnant/e: strudelnd
14 repu/e: satisfait/e
15 l'onctuosité f.: la consistence d'une crème
16 tiède: ni chaud ni froid
17 la caresse: Streicheln (→ caresser)

VI

« Bonjour Monsieur Tao-laï ! »

Monsieur Linh sursaute[1]. Debout à côté de lui se tient le gros homme qui lui avait parlé la veille. Il lui sourit.

« Bark, Monsieur Bark, vous vous rappelez ? » reprend
5 l'homme en lui tendant la main en signe d'amical salut.

Monsieur Linh sourit, s'assure[2] que la petite tient bien sur ses genoux et tend ses deux mains vers celle de l'homme tout en disant « *Tao-laï* ! ».

« Oui, je me souviens, dit l'homme, Tao-laï, c'est votre
10 nom. Moi c'est Bark, je vous l'ai déjà dit aussi. »

Monsieur Linh sourit. Il ne pensait pas revoir l'homme. Cela lui fait plaisir. C'est comme de retrouver un signe sur un chemin alors qu'on est perdu dans la forêt, que l'on tourne et tourne depuis des jours, sans rien reconnaître. Il
15 se pousse[3] un peu pour faire comprendre à l'homme qu'il peut s'asseoir, et celui-ci le fait, il s'assoit. Aussitôt, il fouille dans ses poches, en sort un paquet de cigarettes, le tend à Monsieur Linh.

« Toujours pas ? Vous avez bien raison… »

20 Et il en glisse une entre ses lèvres, qu'il a épaisses[4] et fatiguées. Monsieur Linh se dit, des lèvres fatiguées, cela ne veut rien dire, mais pourtant c'est cela. On dirait que les

---

1 sursauter: aufschrecken
2 s'assurer de qc: sich einer Sache vergewissern
3 se pousser: changer de place
4 épais/se: large, gros/se

38

lèvres de l'homme sont fatiguées, fatiguées d'une tristesse insoluble[1] et poisseuse[2].

Monsieur Bark allume la cigarette, qui grésille[3] dans l'air froid. Il ferme les yeux, tire la première bouffée, sourit, puis regarde la petite que Monsieur Linh serre sur ses genoux. Il 5 la regarde et sourit encore plus, d'un bon sourire. Il secoue la tête, comme pour un assentiment[4]. Monsieur Linh soudain se sent fier, fier de sa petite fille qui repose tout contre lui. Il la relève un peu pour que Monsieur Bark la voie mieux, puis il lui sourit. 10

« Regardez-les courir ! » dit soudain Monsieur Bark en désignant la foule, tandis que la fumée de sa cigarette, capricieuse[5], s'enroule[6] à son visage et lui fait plisser[7] les yeux.

« Ils sont si pressés d'y arriver… Et arriver où, je vous 15 le demande ! Là où on ira tous un jour ! Je ne peux pas m'empêcher d'y penser lorsque je les vois comme ça… »

Il laisse tomber à terre son mégot de cigarette dont la braise[8] rouge éclabousse[9] le sol de quelques étoiles qui s'éteignent[10] très vite. Avec son talon il écrase soigneusement 20 le mégot. Ne restent plus qu'une trace noirâtre[11] de cendres[12], de fins débris[13] de tabac et de papier qui absorbent[14] bien vite

---

1 insoluble: unlöslich
2 poisseux/-euse: klebrig
3 grésiller: knistern
4 l'assentiment *m.*: le fait d'être d'accord avec qn/qc
5 capricieux/-euse: qui se comporte d'une manière incontrôlable
6 s'enrouler: *hier* sich ringeln, kräuseln
7 plisser: zusammenkneifen
8 la braise: Glut
9 éclabousser: bespritzen, besprenkeln
10 s'éteindre: terminer de brûler
11 noirâtre: presque noir/e
12 la cendre: la poudre qui reste du feu, de la cigarette
13 le débris: le reste
14 absorber qc: etw. aufsaugen

39

l'humidité du sol et bougent alors un peu, comme dans un dernier râle[1].

« Vous avez remarqué qu'ils vont presque tous dans le même sens[2] ? » reprend Monsieur Bark tout en glissant déjà une nouvelle cigarette entre ses lèvres, l'allumant avec un briquet[3] dont la flamme est si faible qu'elle peine à[4] embraser[5] le tabac.

Monsieur Linh est de nouveau bercé[6] par la voix de cet homme inconnu, inconnu malgré tout un peu moins que la veille, et qui lui parle sans qu'il puisse saisir[7] un seul mot de ce qu'il dit.

Parfois, un peu de la fumée de sa cigarette atteint les narines du vieil homme, et il se surprend à respirer cette fumée, à la faire entrer le plus possible en lui. Ce n'est pas vraiment que la fumée lui soit agréable, celle des cigarettes des hommes du dortoir est affreuse, mais celle-ci est différente, elle a une bonne odeur, un parfum, le premier que le pays nouveau lui donne, et ce parfum lui rappelle celui des pipes que les hommes du village allument le soir, assis au bord des maisons, tandis que les enfants infatigables[8] jouent dans la rue, et que les femmes en chantant tressent[9] les bambous.

Monsieur Bark a de gros doigts dont les dernières phalanges[10] ont pris une couleur jaune orangé, à force de[11]

---

1   le râle: le bruit d'une respiration difficile
2   le sens: la direction
3   le briquet: Feuerzeug
4   peiner à faire qc: avoir des difficultés à faire qc
5   embraser qc: enflammer qc
6   bercer: *ici* calmer
7   saisir qc: *ici* comprendre qc
8   infatigable: qui n'est jamais fatigué/e
9   tresser qc: etw. flechten
10 la phalange: Fingerglied
11 à force de: *ici* parce que

40

serrer les multiples cigarettes qu'il fume sans cesse. Il regarde le Parc, de l'autre côté de la rue. On voit des mères accompagnées de nombreux enfants y entrer. On devine plus loin des bassins[1], de grands arbres, ce qui semble être des cages[2] aussi, peut-être destinées à de grands animaux, 5 peut-être à des animaux du pays de Monsieur Linh. Et lui soudain songe que c'est là son sort, qu'il est dans une immense cage, sans barreaux[3] ni gardien[4], et qu'il ne pourra plus jamais en sortir.

Monsieur Bark, voyant que Monsieur Linh fixe l'entrée 10 du Parc, pointe son doigt[5] pour le lui désigner.

« Là-bas, c'est un autre monde, les gens ne courent plus. Il n'y a que les enfants qui courent, mais eux, ce n'est pas pareil, ils courent en riant. Rien à voir. Vous verriez les sourires sur les manèges ! Sur les chevaux de bois de ma 15 femme ! Quels sourires ! Et pourtant, un manège, ce n'est rien qu'un cercle qui tourne quand on y pense[6], alors pourquoi ça plaît tant aux enfants… J'étais toujours ému[7] en voyant cela, en voyant ma femme actionner[8] le manège, savoir que son métier, c'était de donner de la joie aux enfants. » 20

Lorsque Monsieur Bark parle, Monsieur Linh l'écoute très attentivement et le regarde, comme s'il comprenait tout et ne voulait rien perdre du sens des mots. Ce que sent le vieil homme, c'est que le ton de la voix de Monsieur Bark indique la tristesse, une mélancolie profonde, une sorte de blessure 25 que la voix souligne, qu'elle accompagne au-delà des mots

---

1 le bassin: le réservoir d'eau, la piscine
2 la cage: l'habitation *f.* des animaux (au zoo)
3 le barreau: (Gitter)stab
4 le gardien: le surveillant
5 pointer le doigt: montrer du doigt
6 quand on y pense: wenn man es recht bedenkt
7 émouvoir qn: toucher qn
8 actionner qc: faire fonctionner qc

41

et du langage, quelque chose qui la traverse comme la sève[1] traverse l'arbre sans qu'on la voie.

Et soudain, sans vraiment qu'il ait réfléchi, et s'étonnant de son geste, Monsieur Linh pose sa main gauche sur
5 l'épaule de Monsieur Bark, comme celui-ci l'avait fait la veille, et en même temps il le regarde en lui souriant. L'autre lui rend son sourire.

« Je parle, je parle… Quel bavard, hein ? Vous êtes bien gentil de me supporter. Ça me fait du bien de parler, vous
10 savez ! Avec ma femme, on se parlait beaucoup… »

Il reste un moment silencieux, le temps de laisser tomber son mégot à terre, de l'écraser, toujours avec la même application[2], de prendre une nouvelle cigarette, de l'allumer, de fermer les yeux, de savourer[3] la première bouffée.

15 « On pensait partir sitôt[4] sa retraite. Il lui restait un an. Mais pas question pour elle d'abandonner[5] son manège comme ça, elle voulait trouver quelqu'un pour le reprendre, quelqu'un de bien, elle était difficile, elle ne voulait pas le céder à[6] n'importe qui. C'était un peu son enfant, le manège,
20 l'enfant qu'on n'a jamais eu… »

Le gros homme a les yeux qui brillent très fort. Sans doute le froid, ou la fumée de la cigarette, pense Monsieur Linh.

« On ne voulait pas rester ici, on n'a jamais aimé cette ville, je ne sais pas si vous l'aimez, vous, mais nous, on n'a
25 jamais pu la supporter. Alors on pensait trouver une petite maison, dans l'arrière-pays[7], dans un village, n'importe lequel, au milieu des champs, près des forêts, d'une rivière,

---

1 la sève: le jus des plantes
2 l'application *f.*: l'attention *f.*
3 savourer: genießen
4 sitôt: sobald
5 abandonner qn/qc: laisser qn/qc, ne plus se préoccuper de qn/qc
6 céder qc à qn: etw. jdm. überlassen
7 l'arrière-pays *m.*: la campagne

un petit village si ça existe encore, où tout le monde se serait connu et dit bonjour. Pas comme ici. C'était ça notre rêve… Vous partez déjà ? »

Monsieur Linh s'est levé. Il vient de se rendre compte qu'il est tard et qu'il n'a rien pris dans sa poche pour nourrir sa petite fille. Il lui faut rentrer avant qu'elle ne se réveille. Avant qu'elle ne pleure parce qu'elle aurait faim. Elle ne pleure jamais, mais justement, le vieil homme espère qu'il en sera toujours ainsi, qu'elle ne pleurera jamais, tant qu'il saura s'occuper d'elle, tant qu'il sera là, pour elle, à prévenir[1] tous ses désirs et à chasser toutes ses peurs.

Monsieur Bark le regarde avec étonnement et tristesse. Monsieur Linh comprend qu'il est surpris, et déçu aussi sans doute, alors il désigne de la tête l'enfant qui dort.

« *Sans Dieu…* » dit alors Monsieur Bark en souriant. Monsieur Linh fait oui de la tête.

« Eh bien au revoir Monsieur Tao-laï ! À la prochaine ! »

Le vieil homme s'incline à trois reprises pour saluer Monsieur Bark, et celui-ci, comme il ne peut serrer la main de Monsieur Linh qui tient la petite fille contre lui, pose la sienne sur l'épaule du vieil homme, lourdement, avec chaleur.

Monsieur Linh sourit. C'est tout ce qu'il souhaitait.

---

1 prévenir qc: *hier* etw. erahnen

Sujets d'étude

1. Relevez dans ce chapitre et dans les chapitres précédents ce que Monsieur Linh et Monsieur Bark ont en commun. Consignez vos résultats dans un tableau.

2. « Bonjour » et « Tao-laï ». Expliquez en quoi consiste le malentendu. Quel effet produit-il sur le lecteur ?

3. Dégagez le rôle que jouent les cigarettes dans la relation entre les deux hommes.

VII

Quand il arrive au dortoir, la femme du quai est là, qui l'attend, avec la jeune interprète. Elles étaient inquiètes de ne pas le voir rentrer. C'est ce que lui dit la jeune fille. Monsieur Linh explique sa promenade. Il parle aussi du banc, et du gros homme sur le banc. Elles sont rassurées[1]. La femme du quai lui fait demander si tout va bien, s'il a besoin de quelque chose. Monsieur Linh s'apprête à dire non, mais il se ravise[2] et demande à la jeune fille s'il a droit à des cigarettes. Oui, il voudrait bien des cigarettes. « Je ne savais pas que vous fumiez, *Oncle* », dit la jeune fille. Et elle traduit. La femme du quai écoute tout en lui souriant. C'est d'accord, il aura un paquet de cigarettes par jour.

Quand elles s'apprêtent à partir, soudain, la femme du quai s'entretient longuement avec la jeune fille. Celle-ci approuve[3] de temps à autre. Elle se tourne vers Monsieur Linh et lui dit : « *Oncle*, vous ne pourrez pas toujours rester ici, dans le dortoir. C'est une solution passagère[4]. Le bureau des réfugiés va bientôt examiner votre cas, comme il le fait pour tous. Vous verrez des personnes qui vous poseront des questions, un médecin aussi. N'ayez crainte, je serai là avec vous. Ensuite, ils proposeront quelque chose de définitif[5] et un lieu sera trouvé où vous pourrez être plus tranquille. Tout ira bien. »

---

1   rassurer qn: tranquilliser qn
2   se raviser: changer d'avis
3   approuver: dire qu'on est d'accord
4   passager/-ère: qui ne dure pas longtemps
5   définitif/-ive: ≠ passager/-ère

45

Monsieur Linh a écouté la jeune fille. Il ne sait quoi lui dire, alors il ne dit rien. Il n'ose pas. Il n'ose pas lui dire que malgré les familles, il se sent plutôt bien dans ce dortoir, que la petite s'est habituée et semble s'y plaire[1]. Au lieu
5 de tout cela il pose une question, une seule : il demande à la jeune fille comment on dit bonjour dans la langue de ce pays. La jeune interprète le lui dit. Il répète le mot plusieurs fois, pour l'ancrer[2] dans sa mémoire. Il ferme les yeux pour se concentrer. Lorsqu'il les rouvre, les deux femmes le
10 regardent en souriant. Monsieur Linh demande alors à la jeune fille dans quelle province elle est née. « Je suis née ici, dit-elle, j'étais dans le ventre de ma mère quand mes parents sont arrivés sur un bateau, comme vous. »

Le vieil homme reste la bouche ouverte, comme si on
15 lui avait parlé d'un miracle[3]. Naître ici, pour lui, cela n'a pas de sens. Il demande ensuite à la jeune fille son prénom. « Sara », répond-elle. Monsieur Linh fronce les sourcils. Il ne connaît pas ce prénom. « Et que veut-il dire, ton prénom ? » s'inquiète-t-il. « Il veut dire Sara, *Oncle*, c'est tout. Rien
20 d'autre. » Le vieil homme hoche[4] la tête. Il se dit qu'un pays où les prénoms ne signifient rien est un bien curieux pays.

Les deux femmes sont près de la porte. Elles lui tendent la main. Monsieur Linh serre leurs mains, puis s'incline en tenant l'enfant qui dort toujours contre lui. Il faut maintenant
25 qu'il songe à la nourrir. Il va vers l'angle du dortoir qui lui est alloué[5]. Il pose *Sang diû* sur le matelas. Il la déshabille. Elle ouvre les yeux. Il lui chantonne[6] la chanson. Ensuite il la revêt du vêtement léger, une chemise de coton[7], qu'elle

---

1 se plaire: se sentir à l'aise
2 ancrer: verankern
3 le miracle: Wunder
4 hocher la tête: bouger la tête
5 alloué/e: réservé/e
6 chantonner: chanter doucement
7 le coton: Baumwolle

portait au pays. La chemise n'a plus de couleur. Monsieur Linh la lave chaque matin et l'étend[1] près du radiateur[2]. Le soir, la chemise est sèche.

Le vieil homme enlève les couches de vêtements qu'il porte sur le dos. Il plie[3] les vêtements, un à un, sauf le grand manteau qui sert de couverture d'appoint[4] durant la nuit, car il a toujours peur que la petite ne prenne froid.

Les familles mangent en cercle, à dix mètres de lui. La plupart des enfants lui tournent le dos, ainsi que les femmes. Les deux hommes de temps à autre jettent un œil vers lui, puis reviennent à leur nourriture qu'ils avalent goulûment[5]. On n'entend que le bruit des langues, des baguettes et des bouches. Près du matelas, Monsieur Linh trouve un bol de riz, une soupe au vermicelle[6], un morceau de poisson. Il dit merci, s'incline deux fois. Personne ne fait déjà plus attention à lui.

Dans sa bouche, il réduit le riz en une bouillie pas trop épaisse, il la donne à sa petite fille. Dans une cuillère, il lui fait boire de la soupe, après avoir soufflé longtemps dessus afin que le breuvage[7] ne brûle pas ses lèvres si délicates. Il émiette[8] un peu de poisson aussi, qu'il lui glisse dans la bouche, mais très vite elle semble repue et ne l'avale pas. Elle a déjà sommeil, pense Monsieur Linh. Il se souvient que des années plus tôt, il regardait sa femme faire les mêmes gestes pour nourrir leur fils, ce fils mort aujourd'hui. Il songe aux gestes doux de sa femme, et c'est dans cette

---

1 étendre: ausbreiten
2 le radiateur: un appareil qui sert à chauffer une pièce
3 plier qc: etw. zusammenlegen
4 la couverture d'appoint: zusätzliche Bettdecke
5 goulûment: avec beaucoup d'appétit
6 le vermicelle: (Faden)nudel
7 le breuvage: la boisson
8 émietter qc: etw. zerkrümeln

mémoire-là que le vieil homme puise[1] pour retrouver le savoir et les mots qui lui permettent de s'occuper de *Sang diû.*

Les deux hommes ont repris leurs parties de mah-jong. Ils se servent de petits verres d'alcool de riz qu'ils boivent d'un trait[2]. Les femmes lavent les bols, les plats et les casseroles[3]. Les enfants se chamaillent[4]. Les plus jeunes bâillent[5] et se frottent[6] les yeux.

Monsieur Linh s'allonge sur le matelas, entoure de ses bras très maigres sa petite fille, ferme les yeux, la rejoint dans le sommeil.

Sujets d'étude

1. Résumez l'entretien entre Monsieur Linh et les deux femmes.
2. Expliquez le rôle que joue Monsieur Bark dans cet entretien.
3. Imaginez la suite.

---

1 puiser dans qc: *ici* se servir de qc
2 d'un trait: in einem Zug
3 la casserole: Kochtopf
4 se chamailler: se disputer
5 bâiller: gähnen
6 frotter qc: etw. reiben

VIII

Le lendemain, le jour est plus clair. Le soleil mord[1] le ciel
de sa lumière blanche. Il fait plus froid aussi. Monsieur Linh
marche sur le trottoir, enrobé[2] de tous ses vêtements, tenant
l'enfant bien sûr. Dans la poche de son manteau, il a glissé
le paquet de cigarettes qu'on lui a donné ce matin. C'est   5
une des femmes du dortoir qui l'a apporté en même temps
que les provisions qu'elle était allée chercher au bureau des
réfugiés, comme chaque jour. « C'est pour vous paraît-il,
Oncle », a-t-elle dit. Elle a tendu le paquet en haussant les
épaules. Les deux hommes qui se reposaient de leur nuit   10
de jeu en somnolant[3] sur leurs matelas ont fait quelques
commentaires à voix basse, puis ils se sont tus.

Le paquet de cigarettes fait une petite bosse[4] que le vieil
homme sent tout en marchant. Rien que[5] de sentir cette
petite bosse, il sourit. Il pense au visage du gros homme   15
quand il va lui tendre le paquet.

Monsieur Linh ne fait pas plusieurs fois le tour du pâté de
maisons. Il s'approche immédiatement du banc et s'assoit.
C'est agréable d'être assis, là, par ce jour très clair, sur ce
banc, et d'attendre. La foule n'a pas la même allure[6] que   20
les autres jours. Elle est toujours aussi dense[7], mais les gens

---

1 mordre qc: *etwa* sich an etw. klammern
2 enrobé/e: habillé/e
3 somnoler: dormir, mais pas profondément
4 la bosse: Beule
5 rien que: allein
6 l'allure *f.*: l'apparence *f.*
7 dense: compact/e

49

marchent moins vite. Ils sont par petits groupes et semblent à Monsieur Linh richement vêtus. Ils discutent entre eux, beaucoup rient ou ont le visage détendu. Ils paraissent savourer le jour et le moment. Des enfants les accompagnent
5 qui parfois, lorsqu'ils aperçoivent le vieil homme sur le banc, le désignent du doigt en riant. Les parents alors les prennent par la main et les entraînent[1] plus loin. Certains cherchent à s'approcher de lui et de la petite sur ses genoux, pour mieux la voir sans doute, mais là aussi les parents les rattrapent et
10 les tirent par le bras.

« Est-ce que je leur fais peur ? » se demande Monsieur Linh. Alors il cherche à se regarder, et ne voit qu'une grosse boule de laine, rembourrée[2] et difforme[3], composée d'écharpes, de bonnet, de manteau, de pulls.
15 « Sans doute je leur fais peur, ils doivent me prendre pour un génie malfaisant[4] déguisé[5] en vieil homme. » Cette pensée amuse Monsieur Linh.

En face de lui, de l'autre côté de la rue, des familles par centaines se pressent à l'entrée du Parc tandis que d'autres
20 en sortent. Ce sont deux courants[6], bariolés[7] et bruyants, qui se mêlent et s'agitent[8] parfois en de grands tourbillons[9], pareils à ceux qui naissent, pendant la saison des pluies, dans la Rivière des Douleurs qui roule ses eaux[10] non loin du village.

---

1 entraîner qn: emmener qn
2 rembourré/e: gepolstert
3 difforme: sans forme
4 le génie malfaisant: le méchant fantôme
5 déguisé/e: habillé/e
6 le courant: Strom
7 bariolé/e: de plusieurs couleurs
8 s'agiter: bouger
9 le tourbillon: Wasserstrudel
10 rouler ses eaux: couler, passer

50

On l'appelle ainsi parce que la légende raconte qu'une femme y perdit ses sept enfants, le même jour, en voulant les y baigner. Et depuis ce jour, si on y prête l'oreille[1], assis sur la berge[2], on peut entendre certains soirs les pleurs de la femme monter de la rivière dans laquelle elle a fini par se jeter elle-même, inconsolable[3] de la mort de ses petits.

Mais ce n'est qu'une légende qu'on murmure, près du feu le soir, aux enfants pour les effrayer[4] afin qu'ils fassent attention à ne pas se noyer[5] car, en vérité, c'est une belle rivière, à l'eau limpide[6] et poissonneuse[7], dans laquelle il fait bon se rafraîchir[8]. On y débusque[9] les crevettes d'eau douce[10] et les petits crabes[11] que l'on grille ensuite sur les braises. Les hommes y font boire les buffles. Les femmes y lavent le linge et aussi leurs longues chevelures[12] qui flottant dans l'eau ressemblent alors à des algues de soie noire. Le bambou y trempe[13], en attendant qu'on l'étuve[14]. La rivière a la couleur des arbres qui s'y reflètent, et dont les racines[15] descendent dans son lit[16] pour y puiser le frais[17]. Des oiseaux

---

1 prêter l'oreille *m.* à qn/qc: écouter qn/qc
2 la berge: Ufer
3 inconsolable: qu'on ne peut pas consoler
4 effrayer qn: faire peur à qn
5 se noyer: ertrinken
6 limpide: clair/e, transparent/e
7 poissonneux/-euse: plein/e de poissons
8 se rafraîchir: prendre le frais
9 débusquer qn/qc: faire sortir qn/qc
10 la crevette d'eau douce: Süßwasserkrabbe
11 le crabe: Krebs
12 la chevelure: les cheveux
13 tremper: rester dans l'eau
14 étuver qc: etw. dämpfen
15 la racine: Wurzel
16 le lit: *hier* Flussbett
17 puiser le frais: prendre de l'eau fraîche

verts et jaunes rasent[1] sa surface[2]. On dirait des flèches[3] de lumière, insaisissables[4], presque rêvées.

Monsieur Linh rouvre les yeux. Il faudra qu'il raconte tout cela, un jour, à *Sang diû*, qu'il lui dise la rivière, le village, la forêt, la force de son père et le sourire de sa mère.

Le vieil homme regarde de nouveau l'entrée du Parc. Il aimerait bien aller voir ce qu'il y a de merveilleux là-bas, et qui fait ainsi se précipiter[5] les familles. Mais c'est de l'autre côté de la rue, et celle-ci, large, immense, est toujours striée[6] de voitures qui n'en finissent pas de passer et de repasser, à toute allure[7], dans les deux sens, dans un fracas de klaxons[8] et un brouillard[9] de fumées grises et bleues.

Le temps s'écoule[10]. Monsieur Linh mesure[11] cela au froid qui traverse ses chaussures, ses trois paires de chaussettes, et gagne ses pieds. Le temps s'en va, et il est toujours seul sur le banc. Le gros homme ne vient pas. Peut-être ne vient-il pas chaque jour. Peut-être ne viendra-t-il plus jamais ?

Monsieur Linh sent le paquet de cigarettes dans la poche de son manteau. La petite bosse maintenant commence à faire naître en lui une tristesse infinie. Il se souvient du contact de la main du gros homme lorsqu'il l'a posée sur son épaule. Il se rappelle alors qu'il est seul au monde, avec sa petite fille. Seuls à deux. Que son pays est loin. Que son

cigarettes pour M Bark

---

1 raser qc: *ici* voler tout près de qc
2 la surface: (Wasser)Oberfläche
3 la flèche: Pfeil
4 insaisissable: *ici* qu'on ne peut pas bien voir
5 se précipiter: se dépécher
6 strié/e de: *ici* plein/e de
7 à toute allure: très vite
8 le fracas de klaxons: Hupkonzert
9 le brouillard: Nebel
10 le temps s'écoule: le temps passe
11 mesurer à qc: *ici* se rendre compte de qc par qc

pays, pour ainsi dire, n'est plus. N'est plus rien que des morceaux de souvenirs et de songes qui ne survivent que dans sa tête de vieil homme fatigué.

Le jour décline[1]. Au loin, le soleil semble chuter[2] lourdement dans le ciel. Il faut rentrer. Le gros homme n'est pas venu. Monsieur Linh repart, avec le paquet de cigarettes dans sa poche, et dans sa bouche le mot qui veut dire bonjour et qu'il n'a pas prononcé.

Le vieil homme dort mal. Il a le sentiment d'être glacé de froid. Il se persuade[3] qu'on lui a volé ses vêtements, qu'il n'a plus rien, qu'il n'a même plus sa valise qui contient le sac de terre et la photographie délavée[4]. Il se tourne et se retourne, puis, peu avant l'aube[5], un sommeil lourd l'entraîne finalement vers un puits[6] sombre et sans fond.

Sujet d'étude

1. « Est-ce que je leur fais peur ? » (p. 49, l. 11).
   Assis sur le banc, Monsieur Linh se met à réfléchir.
   Continuez son monologue intérieur.

---

1 décliner: aller vers sa fin
2 chuter: tomber
3 se persuader: sich einreden
4 délavé/e: qui a perdu ses couleurs
5 l'aube f.: le moment où le soleil se lève
6 le puits: Brunnen, Schacht

53

IX

Lorsqu'il se réveille, il est tard. Immédiatement, il sent que quelque chose n'est pas normal. Il tend la main, ne rencontre rien, se dresse en sursaut[1], regarde à droite, à gauche, *Sang diû ! Sang diû !* La petite a disparu, elle n'est plus dans le lit,
5 *Sang diû !* Les cris de Monsieur Linh ont fait se retourner les femmes qui épluchent[2] des légumes, accroupies[3] en cercle autour de la gamelle[4]. Leurs maris ronflent[5]. *Sang diû !Sang diû !* reprend affolé[6] le vieil homme tout en se levant d'un coup et en sentant craquer ses os[7] dans son corps et battre
10 son cœur si vite.

Soudain, à l'autre bout du dortoir, il aperçoit trois des enfants, les plus petits. Ils rient. Ils rient fort. Et qui aperçoit-il avec eux ? Sa petite fille qu'ils se passent de main en main, sans faire attention, sans délicatesse[8], sa petite fille affolée
15 dont les yeux s'ouvrent et se ferment sans cesse. Monsieur Linh bondit[9], il traverse le dortoir, fonce[10] sur les enfants. « Arrêtez ! Arrêtez ! Vous allez la blesser, elle est encore trop petite pour aller avec vous ! » Il prend *Sang diû* dans

---

1 se dresser en sursaut: hochschnellen
2 éplucher qc: enlever la peau (d'un légume, d'un fruit)
3 accroupi/e: gehockt
4 la gamelle: une casserole en métal
5 ronfler: produire un bruit en dormant
6 affolé/e: paniqué/e
7 craquer ses os: Knochen knacken
8 la délicatesse: Behutsamkeit
9 bondir: sauter
10 foncer sur qn/qc: auf jdn./etw. losgehen

ses bras, la caresse, la calme, la rassure. Il est secoué de spasmes[1]. Il a eu si peur.

En retournant vers l'angle du dortoir où se trouve son matelas, il passe près des femmes. L'une lui dit : « Ce sont des enfants, *Oncle*, ils ont bien le droit de jouer entre eux, pourquoi vous ne leur fichez pas la paix[2] ? »

Monsieur Linh serre sa petite fille contre lui, fort, très fort. Il ne répond rien. La femme le regarde avec une moue de dégoût. « Vieux fou ! » murmure-t-elle entre ses dents. Un peu plus tard, pour ne pas avoir à venir près de lui, la même lui lancera le paquet de cigarettes. Le vieil homme le glissera vite dans la poche de son manteau, à côté de l'autre.

Ce jour-là, Monsieur Linh tarde à[3] sortir. Il reste longtemps prostré[4] sur son matelas, tandis que *Sang diû*s'est rendormie. Il ne touche pas à la nourriture qu'une des deux autres femmes est venue déposer près de lui.

Subitement, le dortoir s'emplit[5] de grands éclats de voix[6], les deux hommes qui jouaient aux cartes se disputent violemment. Ils se sont levés, se font face comme des coqs de combat[7]. L'un accuse l'autre de tricher. Ils s'empoignent[8]. Les trois femmes les regardent, apeurées[9]. Monsieur Linh ne veut pas que sa petite fille voie ce spectacle. Il la prépare rapidement, lui-même s'habille, revêt toutes les couches de lainages, puis il sort au moment où l'un des hommes, les

---

1 être secoué/e de spasmes: trembler
2 ficher la paix à qn: laisser qn tranquille
3 tarder à faire qc: hésiter à faire qc
4 prostré/e: niedergeschlagen
5 s'emplir de qc: devenir plein/e de qc
6 l'éclat *m.* de voix: Geschrei
7 le coq de combat: Kampfhahn
8 s'empoigner: se battre
9 apeuré/e: tremblant de peur

yeux emplis de fureur, brandit[1] un couteau sous le nez de l'autre.

Au-dehors, le temps est gris. Il tombe une pluie fine et glaciale[2], la même que celle qui les avait accueillis, le premier jour, lorsqu'ils sont descendus du bateau. Le ciel, très bas, paraît vouloir écraser la ville. Monsieur Linh enfonce le bonnet sur la tête[3] de l'enfant. On ne la voit presque plus. Lui-même relève son col.

La foule sur le trottoir a repris sa course frénétique[4]. Il n'y a plus de familles qui flânent[5], plus d'hommes et de femmes regardant en l'air et souriant. Les gens marchent vite, la tête baissée. Parmi eux, Monsieur Linh ressemble au tronc[6] d'un petit arbre mort emporté par le courant, et que les eaux entraînent, ballottent[7], sans qu'il ne puisse rien y faire.

« Monsieur Tao-laï ! Monsieur Tao-laï ! »

Comme dans un rêve, le vieil homme entend une voix chaude et enrouée[8] lui dire deux fois bonjour. Mais soudain, il comprend que la voix ne vient pas d'un rêve mais de derrière lui, et au moment où il réalise cela, il reconnaît la voix. Alors il s'arrête de marcher au risque de se faire bousculer[9], se retourne et aperçoit à dix mètres un bras qui se lève, puis un autre, et la voix reprend et lui dit de nouveau bonjour, à deux reprises.

---

1 brandir qc: lever qc (une arme)
2 glacial/e: très froid/e (→ la glace)
3 enfoncer qc sur la tête: etw. tief ins Gesicht ziehen
4 frénétique: *ici* d'une vitesse exagérée
5 flâner: se promener tranquillement
6 le tronc: (Baum)Stamm
7 ballotter: herumwirbeln
8 enroué/e: heiser
9 se faire bousculer: umgerannt werden

56

Monsieur Linh sourit. C'est comme si le jour déchirait[1] un peu sa grisaille[2]. En trois secondes, Monsieur Bark est à ses côtés, tout essoufflé, avec un large sourire sur son visage. Le vieil homme ferme les yeux, part chercher dans sa mémoire le mot que lui a donné la jeune fille interprète et dit, à haute voix, en regardant Monsieur Bark :

« Bonjour ! »

Monsieur Bark a du mal à reprendre son souffle[3]. Il a trop couru. Monsieur Linh sent son haleine[4] parfumée de tabac. Le gros homme lui sourit :

« Ça fait rudement[5] plaisir de vous voir ! Mais venez, ne restons pas là, on va attraper la mort avec cette pluie. »

Et il entraîne le vieil homme sans lui demander son avis vers une destination inconnue. Monsieur Linh se laisse faire. Il est heureux. Il irait n'importe où, conduit par le gros homme. Dans sa poche, il sent les deux paquets de cigarettes, et cela le fait encore davantage sourire. Il n'a plus froid. Il oublie le dortoir, les femmes mauvaises, la querelle[6] des deux hommes. Il est là, à marcher, portant tout contre lui sa petite fille, au côté d'un homme qui le dépasse[7] de deux têtes, qui doit peser le double de son poids, et qui fume sans cesse.

Monsieur Bark pousse la porte d'un café et fait entrer Monsieur Linh. Il choisit une table, dans un angle, et fait signe au vieil homme de s'asseoir sur la banquette[8] tandis que lui prend la chaise.

---

1 déchirer qc: etw. auf-, zerreißen
2 la grisaille: la tristesse, la monotonie (→ gris/e)
3 le souffle: Atem
4 l'haleine *f.*: l'air *m.* qui sort de la bouche
5 rudement: *fam.* très
6 la querelle: la dispute
7 dépasser qn: être plus grand que qn
8 la banquette: le banc

« Quel temps ! Vivement les beaux jours ![1] » dit Monsieur Bark en se frottant les mains et en allumant une nouvelle cigarette. Il aspire la première bouffée, toujours de la même façon, en fermant les yeux quelques secondes. Il regarde l'enfant, sourit. « *Sans Dieu !* » dit-il. Monsieur Linh fait oui de la tête, contemple[2] la petite fille qu'il a posée sur la banquette à ses côtés et qui a fermé les yeux lorsqu'il l'a couchée. « *Sang diû…* », reprend-il, avec fierté[3], parce qu'il la trouve très belle, qu'elle ressemble à son fils, à la femme de son fils, et qu'à travers elle il remonte au portrait aimé de sa femme à lui.

« Je vais commander, dit Monsieur Bark, sinon on ne sera jamais servis ! Faites-moi confiance, Monsieur Tao-laï, par ce temps, je sais ce qu'il nous faut pour nous réchauffer[4] ! D'accord ? »

Monsieur Linh ne sait pas pourquoi le gros homme lui dit sans cesse bonjour, mais il le fait avec tant de douceur et de gentillesse qu'il trouve cela charmant. Il a compris qu'il lui posait une question, sans en connaître le sens, alors il fait un léger mouvement de la tête, comme pour dire oui.

« C'est parti ![5] » Monsieur Bark se lève et se dirige vers le comptoir[6]. Il s'adresse au barman pour passer la commande. Le vieil homme en profite pour sortir précipitamment[7] les deux paquets de cigarettes et les dépose sur la table, à côté du briquet du gros homme, un briquet en métal, tout cabossé[8] comme s'il avait reçu de multiples coups. Monsieur Bark

---

1 Vivement les beaux jours!: Wenn doch nur mal wieder schönes Wetter wäre!

2 contempler qn/qc: observer qn/qc avec amour

3 la fierté: Stolz

4 se réchauffer: sich aufwärmen

5 c'est parti!: *fam.* es geht los!

6 le comptoir: Tresen

7 précipitamment: rapidement

8 cabossé/e: *fam.* déformé/e, avec des bosses

reste un moment près du bar. Il attend les consommations[1].
Monsieur Linh pour la première fois le voit ainsi de dos : il a
les épaules un peu voûtées[2] comme ceux qui ont toute leur
vie porté de lourdes charges sur leur palanche. C'est peut-
être son métier, pense-t-il, porter des palanches remplies de 5
briques[3], de plâtre[4] ou de terre.

La voix de Monsieur Bark le tire de ses réflexions :

« Attention, chaud devant ! » Il porte deux tasses qui
fument et répandent[5] dans l'air une étrange odeur, citronnée
et voluptueuse[6]. Il les pose sur la table, et s'assied. Comme 10
il est très occupé à faire attention à ne pas renverser[7] les
boissons, et à ne pas se brûler non plus, Monsieur Bark n'a
pas encore remarqué les deux paquets de cigarettes devant
lui. Lorsqu'il les voit, la première chose qu'il pense, c'est
que quelqu'un a fait une erreur. Il s'apprête à se retourner, 15
puis s'arrête, car il vient de comprendre. Il regarde le vieil
homme, qui sourit malicieusement[8].

C'est la première fois depuis longtemps qu'on fait un
cadeau à Monsieur Bark. Sa femme lui offrait souvent de
petites choses, un stylo, une cravate, un mouchoir, un porte- 20
monnaie. Lui aussi lui offrait de petites choses, une rose, un
parfum, un foulard, en dehors des occasions traditionnelles.
C'était comme un jeu entre eux.

Il prend les deux paquets de cigarettes dans sa main. Il
se sent plein d'une grande émotion, à cause de ces deux 25
simples paquets de cigarettes, d'une marque qu'il n'aime
pas d'ailleurs, qu'il ne fume jamais parce qu'elles ont une

---

1 la consommation: la boisson
2 voûté/e: gekrümmt
3 la brique: Ziegelstein
4 le plâtre: Gips
5 répandre qc: etw. verbreiten
6 voluptueux/-euse: *ici* très agréable
7 renverser qn/qc: faire tomber qn/qc
8 malicieusement: verschmitzt

odeur mentholée[1] qu'il ne supporte pas. Mais cela n'a aucune importance. Il regarde les paquets, regarde le vieil homme en face de lui. Il aurait presque envie soudain de le serrer dans ses bras. Il ne trouve pas les mots car dans
5   sa gorge, ils s'emmêlent[2] un peu. Il s'éclaircit la voix[3] et dit simplement :

« Merci… merci Monsieur Tao-laï, il ne fallait pas, ça me fait plaisir, vous savez, rudement plaisir ! »

Monsieur Linh est heureux car il sent que le gros homme
10 l'est aussi. Alors, comme il semble que dans ce pays on dise bonjour souvent, Monsieur Linh dit à Monsieur Bark de nouveau bonjour, en prononçant le mot que lui a appris la jeune interprète.

« Vous avez raison, répond alors Monsieur Bark, c'est un
15 bon jour ! » Et de ses gros doigts, il enlève l'emballage[4] de cellophane de l'un des paquets, il déchire la feuille de papier d'argent[5], tape sur le fond du paquet, propose une cigarette à Monsieur Linh qui refuse en souriant, sourit lui-même d'un air de dire « Toujours pas ? », en glisse une entre ses
20 lèvres, l'allume avec son briquet éreinté[6], aspire la première bouffée, ferme les yeux.

Et parce que c'est le vieil homme qui lui a offert ces cigarettes, il les trouve soudain bien meilleures qu'elles ne l'étaient dans son souvenir. Oui, bien meilleures. C'est
25 même très agréable ce parfum de menthe. Monsieur Bark a l'impression de s'alléger[7]. Il a l'impression que ses poumons[8]

---

1 mentholé/e: qui a le goût de la menthe
2 s'emmêler: être en désordre
3 s'éclaircir la voix: sich räuspern
4 l'emballage *m.*: Verpackung
5 le papier d'argent *m.*: Silberpapier
6 éreinté/e: épuisé/e
7 s'alléger: devenir plus léger/-ère
8 le poumon: Lunge

60

se dilatent[1], que l'air y entre mieux. Il s'épanouit[2]. Il fait bon dans ce café.

C'est ce que pense aussi Monsieur Linh. Il fait bon ici. Il n'y a presque personne. Ils ne sont que tous les deux. L'enfant dort. C'est comme si elle était dans un lit. Tout est 5 bien.

« Mais buvez donc, buvez donc, ça se boit chaud ça, sinon, ça sert à rien ! »

Monsieur Bark montre l'exemple. Il prend la tasse entre ses deux mains, souffle sur la boisson à plusieurs reprises, 10 en avale une gorgée[3] en faisant une sorte de sifflement[4]. Le vieil homme tente de l'imiter : il saisit la tasse, souffle, avale, siffle, mais soudain il est pris d'une quinte de toux[5].

« Ah c'est costaud[6] ! Mais vous verrez, ça va vous réchauffer ! Le secret, c'est qu'il faut qu'on serve cela 15 bouillant[7], eau bouillante, sucre, citron, et une bonne rasade[8] d'alcool, n'importe lequel, celui que vous avez sous la main ! Ce n'est pas plus compliqué ! »

Jamais Monsieur Linh n'a bu quelque chose qui ressemblait à cette boisson. Il reconnaît bien le goût du 20 citron, mais pour le reste, tout est nouveau. Comme est nouveau surtout cet étrange flottement[9] qui le saisit[10] et le

---

1   se dilater: devenir plus large
2   s'épanouir: se détendre
3   la gorgée: Schluck
4   le sifflement: Pfeifen
5   la quinte de toux: Hustenanfall
6   costaud/e: *fam.* fort/e
7   bouillant/e: kochend
8   la rasade: Schuss (Alkohol)
9   le flottement: le sentiment de flotter
10 qc saisit qn: *hier* etw. überkommt jdn.

61

fait tanguer[1] sur la banquette, à mesure qu'il[2] boit de petites gorgées et qu'il sent son ventre brûler d'un feu continu[3].

Le visage du gros homme s'est coloré. Ses joues sont rouges comme des lanternes de papier. Il semble aimer
5 les cigarettes que lui a offertes Monsieur Linh, car il ne cesse d'en fumer, allumant la nouvelle avec ce qui reste de l'ancienne.

Le vieil homme ouvre son manteau, déboutonne[4] aussi son imperméable, et puis il rit, sans raison. Il sent son visage
10 qui le cuit[5]. Il a la tête qui tourne un peu aussi.

« Alors, on se sent mieux, non ? lui dit Monsieur Bark. On venait parfois avec ma femme ici, en hiver. C'est tranquille. Il n'y a pas trop de bruit… »

Mais soudain, il devient morose[6]. Son rire s'éteint, comme
15 un brasier sur lequel on jette une poignée de terre. Il fait tourner sa tasse, presque vide, dans laquelle la tranche[7] de citron s'est affaissée[8]. Ses yeux brillent. Il penche son front[9]. Il se tait. Il en oublie même d'allumer une autre cigarette. C'est le barman qui le sort de sa torpeur[10]. Il quitte son service
20 et voudrait encaisser. Monsieur Bark fouille ses poches, en sort quelques pièces qu'il donne à l'homme.

Monsieur Linh le regarde et lui sourit.

---

1 tanguer: wanken
2 à mesure que: en même temps que
3 continu/e: sans interruption
4 déboutonner qc: ouvrir les boutons de qc
5 cuire: *ici* être très chaud/e
6 morose: triste
7 la tranche: Scheibe
8 s'affaisser: *ici* perdre sa forme
9 pencher le front: baisser la tête
10 la torpeur: Erstarrung

62

« C'est parfois moche la vie, hein ? » lui dit Monsieur Bark.

Le vieil homme ne dit rien, et lui sourit toujours. Puis, comme pris d'un besoin qu'il ne peut réfréner[1], il commence à chantonner : 5

« *Toujours il y a le matin...* »

Il chantonne la chanson, dans la langue du pays qui fait une musique fragile, syncopée[2] et un peu sourde[3] : 10

« *Toujours revient la lumière*
Toujours il y a un lendemain... »

Monsieur Bark l'écoute. La musique l'enrobe[4]. 15

« *Un jour c'est toi qui seras mère.* »

Monsieur Linh se tait. Que lui a-t-il pris ? Pourquoi chanter au gros homme la chanson ? Pourquoi lui fredonner[5] ces 20 paroles qu'il ne peut pas comprendre ? Il a soudain honte[6], mais il voit Monsieur Bark qui le regarde, et qui semble de nouveau heureux.

« C'est beau, Monsieur Tao-laï, c'est très beau, même si on ne comprend pas les mots. Merci. » 25

Le vieil homme reprend délicatement l'enfant qui dort toujours, qui ouvre à peine les yeux lorsqu'il la pose contre lui. Il se lève et s'incline devant Monsieur Bark.

---

1   réfréner qc: retenir qc
2   syncopé/e: qui a un rythme monotone
3   sourd/e: dumpf
4   enrober qn/qc: jdn./etw. einhüllen
5   fredonner qc: etw. summen
6   avoir honte: sich schämen

63

« C'était un bon moment, lui dit celui-ci, ça m'a fait du bien.

— Bonjour, dit Monsieur Linh.

— Eh bien, au revoir, Monsieur Tao-laï, dit Monsieur Bark. À demain j'espère ! »

Le vieil homme se lève. Il salue deux fois. Le gros homme lui met la main sur l'épaule. Monsieur Linh s'en va, mais au moment où il s'apprête à passer la porte du café, il entend Monsieur Bark lui lancer : « Et merci pour les cigarettes ! » tout en agitant les deux paquets bien haut.

Le vieil homme sourit, incline sa tête, et sort.

L'air frais le gifle[1]. La marche dérouille[2] ses vieilles jambes. Il se sent tout à la fois très lourd et très léger. Il a un peu mal à la tête. Sa bouche a un drôle de goût, mais il est heureux, heureux d'avoir vu le gros homme et d'avoir partagé un moment avec lui, tandis que l'enfant se reposait.

Lorsqu'il pousse la porte du dortoir, la nuit est tombée au-dehors. Les deux hommes jouent aux cartes, en silence. Ils jettent un œil vers lui, un œil mort, sans mouvement, qui ne remarque rien, comme si lui n'existait déjà plus. Les femmes quant à elles ne se retournent pas. Les enfants non plus.

Monsieur Linh déshabille la petite fille. Il la lave soigneusement, lui passe la chemise de coton. Ensuite il lui donne un peu de riz, du lait, un peu de banane écrasée aussi. Le vieil homme n'a pas faim. Il se déshabille, se couche au côté de l'enfant qui s'est déjà endormie. Il repense au gros homme, à son sourire surpris quand il a compris que c'était lui, Monsieur Linh, qui lui avait apporté les cigarettes. Il ferme les yeux. Il songe à la saveur de cette boisson brûlante et citronnée qu'il a bue avec lui.

Il s'endort comme une masse.

---

1 gifler qn: donner à qn des coups au visage
2 dérouiller qc: rendre qc souple

Sujets d'étude

1. Trouvez des verbes qui caractérisent le comportement de Monsieur Linh envers Sang diû.
2. Décrivez la relation entre Monsieur Linh et Sang diû. Référez-vous aussi aux chapitres précédents.
3. Le narrateur utilise beaucoup de comparaisons. Trouvez trois exemples dans ce chapitre et analysez leur fonction.

65

X

Chaque jour, Monsieur Linh retrouve Monsieur Bark. Lorsque le temps le permet, ils restent dehors, assis sur le banc. Quand il pleut, ils retournent au café et Monsieur Bark commande l'étrange boisson, qu'ils boivent en serrant les tasses entre leurs mains.

Désormais, le vieil homme dès qu'il se lève attend ce moment où il ira rejoindre son ami. Il se dit dans sa tête « son ami », car c'est bien de cela qu'il s'agit. Le gros homme est devenu son ami, même s'il ne parle pas sa langue, même s'il ne la comprend pas, même si le seul mot dont il se sert est « Bonjour ». Ce n'est pas important. D'ailleurs, le gros homme ne connaît lui-même qu'un seul mot de la langue de Monsieur Linh, et c'est le même mot.

Grâce à Monsieur Bark, le pays nouveau a un visage, une façon de marcher, un poids, une fatigue et un sourire, un parfum aussi, celui de la fumée des cigarettes. Le gros homme a donné tout cela à Monsieur Linh, sans le savoir.

*Sang diû*s'est habituée à ces rencontres, au souffle chaud de Monsieur Bark, à ses mains puissantes striées de fissures[1], aux doigts larges et pleins de cals[2]. Parfois, celui-ci la porte quand il sent que le vieil homme commence à fatiguer. La petite fille ne proteste pas. Cela fait tout drôle de la voir dans les bras du gros homme. Il est si grand et si puissant que rien ne peut arriver à l'enfant. Monsieur Linh est tranquille.

---

1 strié/e de fissures: rissig
2 le cal: Schwiele

Jamais un voleur d'enfants n'oserait s'attaquer à un homme aussi fort et aussi gros.

Monsieur Bark fume toujours autant, peut-être même davantage si tant est que cela soit possible[1]. Mais il ne fume désormais que des cigarettes au goût de menthol qu'il trouve d'ailleurs excellentes. Lorsque Monsieur Linh sort le paquet pour le lui offrir, il y a toujours un petit tremblement en lui, quelque chose d'agréable qui lui tord un peu le ventre[2] et remonte dans la gorge. Alors il sourit au vieil homme, le remercie, ouvre immédiatement le paquet, tape sur le fond, tire une cigarette.

Parfois, tous deux déambulent[3] dans les rues. Non plus dans la rue, mais dans les rues, car Monsieur Bark promène Monsieur Linh dans la ville entière, lui fait découvrir d'autres quartiers, des places, des avenues, des ruelles[4], des endroits déserts, et d'autres pleins de magasins et de gens qui y entrent ou en sortent comme les abeilles[5] d'une ruche[6].

Des yeux dévisagent[7] ce curieux couple, le vieil homme, si petit, qui paraît tellement vulnérable[8], enrobé dans ses multiples couches de vêtements, et ce géant fumant comme une locomotive, et les yeux se posent ensuite sur *Sang diû*, la merveille[9] de Monsieur Linh, qu'il garde dans ses bras à la façon d'un trésor[10].

---

1   si tant est que cela soit possible: wenn das überhaupt möglich ist
2   qc lui tord le ventre: *etwa* etw. zieht sich in seinem Bauch zusammen
3   déambuler: aller et venir sans but précis
4   la ruelle: petite rue
5   l'abeille *f.*: Biene
6   la ruche: Bienenstock
7   dévisager qn: regarder le visage de qn avec intensité
8   vulnérable: qu'on peut blesser
9   la merveille: *hier* Kostbarkeit
10   le trésor: Schatz

Lorsque les regards se font un peu trop hostiles ou insistants[1], Monsieur Bark dévisage à son tour le curieux, fronce les sourcils, ferme ses traits[2]. On pourrait le croire alors très méchant. Cela amuse Monsieur Linh. Le gêneur[3]
5 baisse la tête, passe son chemin[4]. Monsieur Bark et Monsieur Linh rient de bon cœur[5].

Un jour, au café, tandis qu'ils savourent cette boisson qui fait toujours un peu tourner la tête au vieil homme, qui le met dans un état chaud et langoureux[6], comme lorsqu'une fièvre
10 nous prend et que l'on sait la maladie qu'elle annonce pas trop grave, Monsieur Linh sort de sa poche la photographie, la seule qu'il ait jamais eue dans sa vie. Il l'a retirée le matin même de la valise, pour la montrer à son ami. Il la tend à Monsieur Bark. Celui-ci comprend que c'est important. Il
15 prend avec beaucoup de délicatesse l'image entre ses doigts énormes. Il la regarde.

Au début, il ne voit rien, tant l'image s'est délavée, diluée[7], perdue dans les années et les rayons de soleil. Puis il finit par distinguer un homme jeune debout devant une
20 curieuse maison, légère, aérienne[8], dressée sur des pattes de bois[9], et au côté de cet homme, une femme, plus jeune que l'homme sans doute, très belle, avec des cheveux amples[10] ramenés en une longue tresse[11]. L'homme et la femme fixent[12]

---

1 insistant/e: aufdringlich
2 fermer ses traits: seine Miene verdüstern
3 le/la gêneur/-euse: qn qui dérange
4 passer son chemin: continuer sans s'arrêter
5 de bon cœur: avec plaisir
6 langoureux/-euse: *hier* träge
7 dilué/e: verblichen
8 aérien/ne: *ici* qui laisse entrer beaucoup d'air
9 la patte de bois: Pfahl
10 ample: *hier* füllig
11 ramené/e en une tresse: zum Zopf gebunden
12 fixer qn/qc: regarder qn/qc d'un regard immobile

droit devant eux le photographe. Ils ne sourient pas, se tiennent un peu raides[1], comme s'ils avaient peur ou étaient impressionnés par le moment.

Lorsque Monsieur Bark se met à examiner plus attentivement le visage de l'homme, il constate à n'en pas douter qu'il s'agit de Monsieur Tao-laï, qui est assis en face de lui. C'est bien le même visage, les mêmes yeux, la même forme de la bouche, le même front, mais à trente ans, peut-être quarante ans de distance. En regardant de nouveau la femme, il comprend alors qu'il se trouve en présence de la femme de Monsieur Tao-laï, morte sans doute comme la sienne puisqu'il ne l'a jamais vue en sa compagnie[2]. Alors Monsieur Bark contemple les traits[3] de cette femme, jeune, si jeune, et belle d'une beauté tout à la fois lisse[4] et mystérieuse, mystérieuse peut-être parce que lisse justement, sans apprêt[5], offerte dans une simplicité troublante[6] et naïve.

Monsieur Bark pose avec délicatesse la photographie devant lui, fouille dans la poche intérieure de sa veste, saisit son portefeuille[7] qu'il ouvre pour en retirer une image lui aussi, celle de sa propre femme, qui sourit tout en inclinant un peu la tête sur le côté gauche.

On ne voit rien d'autre que le visage, un visage plein, rond, une peau pâle, des lèvres dessinées de rouge, de grands yeux qui se plissent à cause du sourire et sans doute aussi en raison du soleil qui vient dans le regard. Derrière le visage, tout est vert. C'est peut-être du feuillage[8]. Monsieur

---

1 raide: steif
2 en compagnie de qn: accompagné/e par qn
3 le trait: Gesichtszug
4 lisse: glatt
5 sans apprêt: naturel/le
6 troublant/e: beunruhigend
7 le portefeuille: le portemonnaie
8 le feuillage: les feuilles d'un arbre

Linh essaie de reconnaître ces feuilles, de savoir de quel arbre il s'agit, mais il ne trouve pas. Il n'y a pas ce genre de feuilles au pays. La femme semble heureuse. Elle est grosse et heureuse. Ce doit être la femme du gros monsieur. Jamais le vieil homme ne l'a vue. Elle travaille sans cesse. Ou plutôt… oui, ce doit être plutôt cela, elle est morte. Elle est au pays des morts, comme sa femme à lui, et peut-être, se dit Monsieur Linh, peut-être que dans ce pays lointain sa femme à lui et la femme du gros homme se sont rencontrées comme eux-mêmes se sont rencontrés. Cette pensée l'émeut[1]. Cette pensée lui fait plaisir. Il espère que cela s'est passé.

La petite fille dort sur la banquette. Monsieur Bark allume une nouvelle cigarette. Ses yeux sont très brillants. Monsieur Linh commence à fredonner la chanson. Ils restent ainsi tous les deux, un long moment, avec devant eux les photographies posées près des tasses vides.

Quand ils sortent du café, Monsieur Bark prend par l'épaule Monsieur Linh et le raccompagne jusqu'à la porte de l'immeuble où se situe le dortoir, comme il le fait tous les jours désormais. Et puis là, les deux hommes se disent longuement au revoir en se disant *bonjour.*

Sujets d'étude

1. Résumez ce chapitre.
2. Quel rôle joue ici Monsieur Bark pour Monsieur Linh? Justifiez à l'aide du texte.

---

1 émouvoir qn: causer une émotion à qn

XI

Dans le dortoir, la vie n'a pas changé. Les deux familles sont toujours là. Les hommes passent leurs journées et une partie de leurs nuits à jouer aux cartes ou au mah-jong, à palabrer, à rire, à s'insulter[1], à se réconcilier en buvant parfois jusqu'à l'ivresse[2] des verres d'alcool de riz.

Les plus grands des enfants se rendent maintenant à l'école. Ils en reviennent avec de plus en plus de mots de la langue du pays d'exil. Ils les apprennent aux plus petits. Les trois femmes s'occupent de la nourriture, de la lessive[3]. Monsieur Linh trouve toujours son repas à côté de son matelas. Il remercie en saluant. Plus personne ne fait attention à lui, ni ne lui adresse la parole. Mais il s'en moque. Il n'est pas seul. Il y a *Sang diû*. Et il y a le gros homme, son ami.

Un jour, Monsieur Bark amène Monsieur Linh près de la mer. C'est la première fois que le vieil homme revoit la mer, depuis son arrivée quelques mois plus tôt. Le gros homme l'a emmené au port, non pas là où il a débarqué, sur le quai gigantesque[4] encombré[5] de grues, de cargaisons[6] déchargées[7], de camions en attente, d'entrepôts béants[8],

---

1 s'insulter: se lancer des paroles blessantes
2 l'ivresse *f.*: Trunkenheit
3 la lessive: laver le linge
4 gigantesque: très grand/e
5 encombré/e de qc: plein/e de qc
6 la cargaison: Ladung
7 déchargé/e: ausgeladen
8 l'entrepôt *m.* béant: un bâtiment avec de grandes portes ouvertes

mais dans un endroit plus calme, qui forme une courbe[1] dans laquelle l'eau et les bateaux de pêche composent une peinture colorée.

Les deux amis marchent un peu sur le quai et s'assoient sur un banc. Face à la mer. L'hiver s'épuise[2]. Le soleil est plus chaud. Dans le ciel, quantité d'oiseaux tourbillonnent[3] et plongent parfois dans les eaux du port pour en ressortir avec dans leur bec[4] l'éclat d'argent[5] d'un poisson. Des pêcheurs sur des bateaux au repos[6] réparent des filets. Certains sifflent. D'autres parlent fort, s'interpellent[7], rient. C'est un endroit bien agréable. Monsieur Linh respire. Il respire fort, en fermant les yeux. Oui, il ne s'était pas trompé. Il y a là des parfums, de véritables parfums, de sel, d'air, de poisson séché, de goudron[8], d'algues et d'eau. Que c'est bon ! C'est la première fois que ce pays sent vraiment quelque chose, qu'il a une odeur. Le vieil homme en est grisé[9]. Du fond du cœur, il remercie son ami de lui avoir fait connaître cet endroit.

Monsieur Linh dévêt[10] un peu sa petite fille. Il l'installe entre lui et le gros homme. Assise. L'enfant ouvre les yeux. Ses yeux font face à[11] la mer, au grand large de la mer. Le vieil homme regarde aussi là-bas. Il se revoit sur le bateau, et d'un coup des images lui reviennent, se bousculent en lui, terribles, odieuses[12] et magnifiques. Ce sont comme des

---

1   la courbe: Kurve, Biegung
2   s'épuiser: *ici* finir
3   tourbillonner: herumwirbeln
4   le bec: Schnabel
5   l'éclat *m.* d'argent: silbriger Glanz
6   au repos: *ici* qui n'est pas utilisé/e
7   s'interpeller: sich gegenseitig etw. zurufen
8   le goudron: Teer
9   être grisé/e: berauscht sein
10   dévêtir qn: déshabiller qn
11   faire face à qn/qc: être en face de qn/qc
12   odieux/-euse: détesté/e, très désagréable

coups de poing[1] qui s'abattent[2] sur lui, lui cognent[3] le cœur, l'âme, le ventre, tous ses membres[4]. Oui, au loin de la mer, très au loin, à des jours et des jours, il y a tout cela. Il y a eu tout cela.

Monsieur Linh lève alors la main, pointe son doigt vers la mer, le large[5], l'horizon bleu et blanc, puis il dit à haute voix le nom de son pays.

Alors Monsieur Bark qui regarde aussi dans la même direction sent dans toutes ses veines[6] des filets de feu[7] jaillir et courir, et lui aussi des images lui reviennent, terribles, odieuses, inhumaines. Lui aussi, à haute voix, dit le nom du pays qui est par-delà les mers, le pays de Monsieur Linh. Il dit le nom à plusieurs reprises, de plus en plus sourdement[8], tandis que ses épaules s'affaissent, que tout son corps s'affaisse, qu'il en oublie tout, qu'il en oublie même de rallumer une autre cigarette, alors qu'il vient de laisser tomber à terre le mégot de la précédente[9], sans l'écraser du talon ainsi qu'il le fait toujours.

Monsieur Bark n'est plus qu'un gros homme voûté, qui répète faiblement le nom du pays de Monsieur Linh, comme une litanie[10], tandis que dans ses yeux viennent des larmes qu'il ne cherche même pas à essuyer ni à arrêter de ses mains, et ces larmes dévalent[11] sur ses joues, trempent son

---

1   le coup de poing: Faustschlag
2   s'abattre sur qn/qc: tomber d'un coup sur qn/qc
3   cogner: *ici* bedrängen ihn
4   le membre: une partie du corps (le bras, le pied)
5   le large: offene See
6   la veine: Vene, Ader
7   le filet de feu: Feuerströme
8   sourdement: faiblement
9   précédent/e: *ici* la dernière
10 la litanie: Litanei (monoton klingendes Gebet)
11 dévaler: descendre très rapidement

menton, son cou[1], s'immiscent dans[2] le col de sa chemise pour disparaître contre sa peau.

Le vieil homme s'en rend compte. Il pose la main sur l'épaule de son ami et le secoue doucement. Monsieur Bark cesse alors de regarder le large et le regarde, lui, à travers toute cette eau qui sort de son regard.

« Je le connais votre pays, Monsieur Tao-laï, je le connais… », commence à dire Monsieur Bark, et sa grosse voix n'est plus qu'un filet[3] fragile, ténu[4], mince, prêt à se briser.

« Oui, je le connais, reprend-il en regardant de nouveau la mer et le lointain. Il y a longtemps, j'y suis allé. Je n'osais pas vous le dire. On ne m'a pas demandé mon avis, vous savez. On m'a forcé[5] à y aller. J'étais jeune. Je ne savais pas. C'était une guerre. Pas celle qu'il y a maintenant, une autre. Une des autres. À croire que sur votre pays s'acharnent[6] toutes les guerres… »

Monsieur Bark s'arrête un instant. Les larmes coulent sans cesse.

« J'avais vingt ans. Qu'est-ce qu'on sait à vingt ans ? Moi, je ne savais rien. Je n'avais rien dans ma tête. Rien. J'étais encore un grand gosse[7], c'est tout. Un gosse. Et on a mis un fusil[8] dans mes mains, alors que j'étais presque encore un enfant. J'ai vu votre pays, Monsieur Tao-laï, oh oui, je l'ai vu, je m'en souviens comme si je l'avais quitté hier, tout est resté en moi, les parfums, les couleurs, les pluies, les forêts, les rires des enfants, leurs cris aussi. »

---

1 le cou: Hals
2 s'immiscer dans qc: entrer dans qc
3 le filet: Faden
4 ténu/e: très fin/e
5 forcer qn: obliger qn
6 s'acharner sur qn/qc: s'attaquer à qn/qc
7 le/la gosse: *fam.* l'enfant *m./f.*
8 le fusil: Gewehr

Monsieur Bark tourne son regard noyé[1] vers le ciel. Il renifle[2] fort.

« Quand je suis arrivé, que j'ai vu tout cela, je me suis dit que le paradis devait y ressembler, même si le paradis, je n'y croyais déjà pas trop. Et nous, ce paradis, on nous a demandé d'y semer[3] la mort, avec nos fusils, nos bombes, nos grenades[4]… »

Monsieur Linh écoute le gros homme qui lui parle doucement, alors que les larmes coulent toujours de ses yeux. Le vieil homme l'écoute avec attention, cherchant dans les inflexions[5] de sa voix les signes, le début d'une histoire et d'un sens, une intonation familière. Il songe à la photographie que son ami lui a montrée quelques semaines plus tôt. La photographie de la grosse femme rieuse[6]. Il songe aussi à l'étrange manège qu'ils sont allés voir tantôt[7], tous les deux, dans le Parc, tournant et tournant autour de lui, sans cesse. Il y avait quantité de chevaux en bois, accrochés[8] à des hampes[9]. Le manège tournait. Les chevaux montaient, descendaient. Les enfants qui étaient dessus riaient et adressaient des signes à leurs parents. Il y avait une musique forte et joyeuse. Le gros homme avait désigné chaque pièce du manège tout en parlant beaucoup. Apparemment il le connaissait bien, et l'aimait, ce manège. Monsieur Linh ne savait pas pourquoi, mais il l'avait écouté attentivement, en hochant parfois la tête. *Sang diû* dans ses bras paraissait heureuse. Le manège était un beau spectacle. Pour finir, le

---

1 noyé/e: *ici* plein/e de larmes
2 renifler: schniefen
3 semer qc: *ici* apporter qc
4 la grenade: petite bombe de la forme d'un fruit
5 l'inflexion *f.*: le changement de ton
6 rieur/-euse: qui rit
7 tantôt: *vx.* il y a peu de temps
8 accroché/e: befestigt
9 la hampe: (Holz)Stange

gros homme était allé serrer la main à la personne qui s'en occupait. Ils avaient échangé quelques mots tous les deux, puis lui et Monsieur Linh avaient quitté le Parc. Ensuite, le gros homme était resté silencieux pendant un long moment.

Monsieur Linh observe son ami qui pleure et qui parle. Il se persuade que la femme de la photographie, le manège de chevaux de bois, l'un et l'autre composent une partie de la vie morte du gros homme, et que c'est cette partie défunte[1] de son existence qui aujourd'hui resurgit[2], brusquement, alors qu'ils sont là devant la mer, par ce jour ensoleillé[3] et presque doux déjà.

« Tous ces villages dans lesquels on est passés, dans la jungle, ces gens qui vivaient de rien et sur lesquels on devait tirer[4], ces maisons, toutes fragiles, faites de paille et de bois, comme sur votre photographie, vous savez… Le feu dans ces maisons, les hurlements[5], les enfants qui s'enfuyaient[6], nus, sur les chemins, dans la nuit et les flammes… »

Monsieur Bark s'est tu. Il pleure toujours. Il a la nausée. Une nausée qui vient de très loin et qui le remue[7], le boxe, le bourre de coups[8], l'écrase. La honte le travaille comme une bile[9].

« Je vous demande pardon, Monsieur Tao-laï, pardon… pour tout ce que j'ai fait à votre pays, à votre peuple. Je n'étais qu'un gamin, un sale con de gamin qui a tiré, qui a

---

1 défunt/e: mort/e
2 resurgir: apparaître de nouveau
3 ensoleillé/e: plein/e de soleil
4 tirer: schießen
5 le hurlement: le cri
6 s'enfuir: fliehen
7 remuer: *hier* schütteln
8 bourrer qn de coups: battre qn
9 travailler qn comme une bile: einem wie bittere Galle aufstoßen

détruit, qui a tué sans doute… Je suis un salaud[1], un vrai salaud… »

Monsieur Linh regarde son ami. Un grand sanglot[2] le secoue, interminable, comme né du dernier mot qu'il vient de prononcer. Cela ne se calme pas. Tout le corps du gros homme tremble, on dirait un navire[3] mis à mal[4] par une tempête. Monsieur Linh essaie d'entourer de son bras l'épaule de son ami, sans y parvenir[5] car son bras est trop petit pour la grande épaule. Il lui sourit. Il s'efforce de mettre beaucoup de choses dans ce sourire, plus de choses que n'importe quel mot ne pourra jamais contenir[6]. Puis il se tourne vers le large, fait comprendre au gros homme qu'il lui faut aussi regarder là-bas, très au loin, et alors, avec une voix non pas triste mais pleinement joyeuse, Monsieur Linh redit le nom de son pays, qui sonne soudain comme un espoir et non plus comme une douleur, avant de serrer son ami dans ses deux bras, et de sentir, protégé et non pas écrasé par eux, le corps de *Sang diû* entre les leurs.

Sujets d'étude

1. Résumez en quelques phrases l'entretien entre les deux hommes (p. 72, l. 5 à p. 76, l. 18).
2. Si Monsieur Linh parlait la langue de Monsieur Bark, comment réagirait-il à ce que son ami vient d'avouer ? Imaginez un dialogue et jouez-le.
3. Informez-vous sur la guerre d'Indochine. Formulez des hypothèses sur le pays et sur la date auxquels se réfère Monsieur Bark. (→ Annexe, p. 157)

---

1 le salaud: *vulg.* une personne méprisable
2 le sanglot: Schluchzer
3 le navire: le bateau
4 mis/e à mal: *hier* hin- und hergeworfen
5 parvenir à faire qc: réussir à faire qc
6 contenir: *ici* exprimer

XII

Trois jours plus tard, Monsieur Bark invite Monsieur Linh au restaurant. C'est un endroit grandiose[1], avec quantité de tables et quantité de serveurs. Monsieur Bark fait asseoir son ami qui contemple ébloui[2] tout autour de lui. Jamais
5 le vieil homme n'a vu un lieu aussi magnifique. Monsieur Bark demande une chaise supplémentaire sur laquelle ils installent *Sang diû*. Il s'adresse ensuite à un homme habillé en noir et en blanc, avec un drôle de costume, qui note des choses sur un petit carnet, s'incline et puis s'en va.

10 « Vous verrez, on va se régaler[3], Monsieur Tao-laï ! »

Monsieur Bark noue[4] autour de son cou la grande serviette blanche qui était posée à côté de son assiette.

Monsieur Linh en fait autant. Ensuite, il noue une autre serviette autour du petit cou de l'enfant, qui attend,
15 sagement, sans rien dire, sur sa chaise.

« On venait parfois ici, avec ma femme, dit Monsieur Bark. Quand on voulait s'offrir une petite folie[5]... »

Sa voix s'assourdit[6]. Il y a un silence. Il parle de nouveau, mais avec lenteur. Parfois il s'interrompt[7] un long moment,
20 comme s'il allait chercher les mots très loin en lui et qu'il avait peine à[8] les trouver.

---

1 grandiose: prächtig
2 ébloui/e: très impressionné/e
3 se régaler: *ici* manger des plats délicieux
4 nouer qc: etw. knoten, etw. umbinden
5 la folie: *ici* qc d'extraordinaire
6 s'assourdir: devenir faible
7 s'interrompre: sich unterbrechen
8 avoir peine à faire qc: avoir des difficultés à faire qc

Il marche sur un sentier[1] difficile, se dit Monsieur Linh. Il écoute la voix du gros homme, cette voix qui lui est si familière même si elle dit des choses qu'il ne comprend jamais. La voix de son ami est profonde, enrouée. Elle paraît se frotter[2] à des pierres et à des rochers[3] énormes, comme les torrents qui dévalent la montagne, avant d'arriver dans la vallée[4], de se faire entendre, de rire, de gémir[5] parfois, de parler fort. C'est une musique qui épouse[6] tout de la vie, ses caresses comme ses âpretés[7].

Monsieur Bark s'est tu. Il penche sa tête en arrière[8]. Il passe sa lourde main sur son front. Il regarde les nuages par la baie vitrée[9] du restaurant.

« C'est grand le ciel… », murmure-t-il.

Il revient vers son ami et sur un ton grave lui dit :

« Je suis drôlement[10] content d'être ici avec vous, Monsieur Tao-Laï. »

Le serveur revient avec les plats. Monsieur Bark a commandé ce qu'il y a de meilleur. Rien n'est trop beau[11]. Il se souvient de l'après-midi sur le port, de tout ce qu'il a dit qui lui est sorti du cœur, et aussi du geste du vieil homme, alors qu'il se taisait, qu'il souffrait et qu'il avait honte. Cela n'a pas de prix.

---

 1 le sentier: un petit chemin
 2 se frotter: sich reiben
 3 le rocher: Felsen
 4 la vallée: Tal
 5 gémir: seufzen
 6 épouser: *hier* in sich vereinigen
 7 l'âpreté *f*.: la douleur, la dureté
 8 pencher en arrière: nach hinten beugen
 9 la baie vitrée: une grande fenêtre
 10 drôlement: *fam.* extrêmement
 11 rien n'est trop beau: das Beste ist gerade gut genug

Monsieur Bark et Monsieur Linh mangent et boivent. Monsieur Linh goûte des mets[1] dont il ne soupçonnait[2] même pas l'existence. Rien ne lui est connu mais tout est très bon. Il boit par petites gorgées le vin que le gros homme lui sert.

5 La tête lui chauffe un peu. Les tables bougent. Il rit. Parfois, il tente de faire goûter un plat à son enfant, mais elle n'a guère faim. Elle est toujours sage, mais elle n'avale pas la nourriture. Monsieur Bark le regarde faire avec un sourire. Les autres convives[3] parfois se retournent et les observent.

10 Monsieur Bark s'en moque.

Quand le serveur a débarrassé[4] la table, après les desserts, le gros homme se penche, saisit un sac qu'il avait déposé tout à l'heure à côté de lui en s'asseyant, en sort un joli paquet qu'il tend à Monsieur Linh.

15 « Cadeau ! » dit-il. Et comme le vieil homme hésite, il poursuit[5] : « Mais oui, c'est pour vous Monsieur Tao-laï, cadeau ! Je vous en prie, prenez ! »

Monsieur Linh prend le paquet. Il tremble. Il n'a pas l'habitude des présents[6].

20 « Eh bien ouvrez-le ! » dit Monsieur Bark, en joignant le mouvement du geste à la parole.

Le vieil homme défait[7] délicatement le papier d'emballage[8]. Cela prend du temps car il le fait avec méticulosité[9] et ses doigts ne sont pas très habiles[10]. Une fois

25 le papier enlevé, il a dans les mains une belle boîte.

---

1 le mets: le plat
2 soupçonner qc: etw. ahnen
3 le/la convive: le/la participant/e à un repas
4 débarrasser: abservieren
5 poursuivre: continuer
6 le présent: le cadeau
7 défaire qc: enlever qc
8 le papier d'emballage *m.*: Geschenkpapier
9 la méticulosité: Gewissenhaftigkeit
10 habile: geschickt

80

« Allez-y, allez-y ! » Le gros homme le regarde en riant.

Monsieur Linh ouvre le couvercle[1] de la boîte. À l'intérieur, il y a une feuille de soie[2], légère, d'un rose très tendre. Il l'écarte[3]. Son cœur bat la chamade[4]. Il pousse un petit cri. Une robe de princesse vient d'apparaître, délicate, sompteuse[5], pliée avec grâce[6]. Une robe éblouissante[7]. Une robe pour *Sang diû* !

« Elle va être belle ! » dit Monsieur Bark en désignant la petite des yeux. Monsieur Linh ose à peine poser ses doigts sur la robe. Il a trop peur de l'abîmer[8]. Jamais il n'a vu un vêtement aussi beau. Et ce vêtement, le gros homme vient de l'offrir à son enfant. Monsieur Linh a les lèvres agitées d'un mouvement nerveux, qu'il ne peut contenir[9]. Il repose la robe dans la boîte, la recouvre du papier de soie, ferme le couvercle. Il prend les mains de Monsieur Bark dans les siennes, et les serre fort. Très fort. Longuement. Il prend *Sang diû* dans ses bras. Les yeux de Monsieur Linh luisent, il regarde son ami, il regarde la petite, et sa voix, fragile, un peu brisée[10] et chevrotante[11], s'élève alors dans le restaurant :

« Toujours il y a le matin
Toujours revient la lumière
Toujours il y a un lendemain
Un jour c'est toi qui seras mère. »

---

1 le couvercle: Deckel
2 la feuille de soie: Seidenpapier
3 écarter qc: enlever qc
4 son cœur bat la chamade: sein Herz schlägt bis zum Hals
5 somptueux/-euse: magnifique
6 plié/e avec grâce: mit Liebe gefaltet
7 éblouissant/e: merveilleux/-euse
8 abîmer qc: détruire qc
9 contenir qc: *hier* etw. zurückhalten
10 la voix brisée: gebrochene Stimme
11 chevrotant/e: tremblant/e

La chanson est terminée. Monsieur Linh s'incline devant Monsieur Bark, comme pour le saluer.

« Merci, Monsieur Tao-laï… », dit alors celui-ci.

En fin d'après-midi Monsieur Bark raccompagne Monsieur Linh. Le jour est agréable. Il ne fait pas très froid. L'hiver s'épuise. Lorsqu'ils parviennent au pied de l'immeuble du dortoir, les deux hommes se saluent, comme à chaque fin de journée : Monsieur Bark dit au revoir à Monsieur *Bonjour*. Monsieur Linh dit *bonjour* à Monsieur Bark.

Et le vieil homme, heureux, monte dans le dortoir en serrant sa petite fille contre lui.

XIII

Le jour suivant, la femme du quai arrive au dortoir avec la jeune interprète tandis que Monsieur Linh s'apprêtait à sortir pour aller rejoindre son ami. Elles viennent le chercher. Il faut qu'il les accompagne. Il doit voir un médecin. Elles l'avaient prévenu[1]. C'est la procédure normale. Il devra ensuite les suivre jusqu'au bureau des réfugiés pour compléter certains documents.

Monsieur Linh est contrarié[2] mais il n'ose pas leur dire. Que va penser Monsieur Bark ? Mais déjà les femmes l'entraînent avec elles.

« Puis-je emmener ma petite fille ? » demande-t-il à la jeune interprète. Elle traduit à la femme du quai. Celle-ci regarde l'enfant, hésite et répond quelque chose. « Pas de problème, *Oncle* ! » traduit la jeune fille. Monsieur Linh lui dit que dans ce cas, il a besoin de quelques minutes pour l'habiller. Un médecin est un personnage important. Il faut qu'il ait d'eux une bonne impression. Le vieil homme prend la boîte que lui a offerte son ami. Il en sort la belle robe, en revêt *Sang diû*. Elle est magnifique. On dirait vraiment une jeune princesse. Les deux femmes le regardent faire en souriant. Les petits enfants du dortoir se sont approchés pour voir la robe de près, mais leurs mères les rappellent sur un ton mauvais.

Une voiture les emmène dans des rues qu'il n'a jamais vues. C'est la première fois que Monsieur Linh monte dans

---

1 prévenir qn: annoncer qc à qn
2 être contrarié/e: être fâché/e

83

une voiture. Il est effrayé[1]. Il se blottit dans l'angle du siège, presse sa petite fille contre lui. Elle ne paraît pas inquiète. Sa belle robe brille sous les reflets du jour[2]. Pourquoi la voiture va-t-elle aussi vite ? À quoi cela sert-il ? Monsieur Linh se
5 souvient du rythme des charrettes[3] tirées par les buffles, du long et souple balancement[4], qui fait parfois dormir, parfois rêver, et du paysage qui change avec une lenteur précieuse, une lenteur qui permet de regarder vraiment le monde, les champs, les forêts, les rivières, et de parler avec
10 ceux que l'on croise, d'entendre leurs voix, d'échanger des nouvelles. La voiture est comme un coffre[5] jeté du haut d'un pont. On y étouffe[6]. On n'y entend rien d'autre qu'un sourd et inquiétant rugissement[7]. Le paysage tourbillonne au-dehors. On ne peut rien en saisir[8]. On a l'impression qu'on
15 va s'écraser bientôt.

Le médecin est un homme jeune et grand. La femme du quai entre dans le cabinet[9], avec Monsieur Linh. La jeune fille aussi. La femme du quai parle au médecin, puis elle sort. La jeune fille reste pour faire la traduction. Le médecin
20 regarde l'enfant dans les bras du vieil homme et pose des questions à la jeune fille. Celle-ci répond. Le médecin hoche la tête. Il pose d'autres questions, que la jeune fille traduit.

« *Oncle*, quel âge avez-vous ?

– Je suis vieux, répond Monsieur Linh, très vieux. Je
25 suis né l'année de la tornade qui a dévasté[10] le village.

---

1 être effrayé/e: avoir peur
2 le reflet du jour: la lumière du jour
3 la charrette: Karren
4 le balancement: Geschaukel
5 le coffre: Kiste
6 étouffer: mourir parce qu'on manque d'air
7 le rugissement: le bruit
8 saisir qc: *ici* voir qc
9 le cabinet: le local où travaille un médecin
10 dévaster qc: détruire qc

— Vous ne savez pas votre âge ? demande la jeune fille étonnée.

— Je sais que je suis vieux, c'est tout. Savoir mon âge ne m'avancerait à[1] rien de plus. »

La jeune fille parle au médecin, qui prend quelques notes. Les questions se poursuivent. La jeune fille les traduit. Est-ce que Monsieur Linh a déjà été opéré ? Au pays, était-il suivi[2] par un médecin ? Prenait-il un traitement[3] régulier ? Souffre-t-il d'hypertension[4] ? de diabète ? A-t-il des problèmes de surdité[5] ? de vue ?

Le vieil homme comprend la moitié des mots que lui dit la jeune fille. Il la regarde étonné.

« Tu ne connais pas le pays, finit-il par lui dire. Le seul médecin que j'aie vu, c'était il y a très longtemps, quand l'armée a eu besoin de moi. Sinon au village, nous nous soignons nous-mêmes. Si la maladie est bénigne[6], nous guérissons[7]. Si elle est maligne[8], nous mourons. C'est tout. »

La jeune fille traduit au médecin. Celui-ci prononce quelques mots. La jeune fille dit à Monsieur Linh qu'il veut l'examiner[9]. Il lui faut se déshabiller. Elle restera derrière le paravent.

Le vieil homme lui confie *Sang diû*. Il la glisse doucement dans les bras de la jeune fille qui la prend délicatement et fait une remarque aimable sur la robe. Monsieur Linh est touché. Il songe au gros homme, son ami.

---

1 avancer à qc: servir à qc
2 être suivi par un médecin: in ärztlicher Behandlung sein
3 le traitement: *ici* le médicament
4 l'hypertension *f.*: Bluthochdruck
5 la surdité: Schwerhörigkeit
6 bénigne: gutartig
7 guérir: retrouver la santé
8 maligne: ≠ bénigne
9 examiner qn: jdn. untersuchen

85

Le médecin le palpe[1]. Il déplace ses mains sur son corps décharné[2], à la peau brune et lisse. Il lui fait ouvrir la bouche, il regarde ses yeux, ses narines, place d'étranges instruments sur son torse[3], autour de ses bras, tape avec un
5 petit marteau[4] sur ses genoux, palpe son ventre. Il lui fait signe qu'il peut se rhabiller.

Quand il revient vers la jeune fille, il voit le médecin assis qui écrit sur une feuille. Cela dure assez longtemps, puis il se lève. La jeune fille dit : « C'est fini, *Oncle*, nous pouvons
10 partir ! » Elle commence à se diriger vers la sortie. Monsieur Linh l'arrête et lui dit : « Mais la petite, le médecin n'a même pas regardé la petite ! »

L'interprète ne répond rien. Elle paraît réfléchir. Elle s'adresse ensuite au médecin. Celui-ci acquiesce[5]. « Il va le
15 faire, *Oncle*, vous avez bien fait de demander ! »

Le vieil homme enlève la belle robe à *Sang diû*, et présente l'enfant au médecin. Celui-ci la prend, l'allonge[6] sur la table de consultation[7]. La petite ne dit rien. Monsieur Linh lui parle pour la rassurer. Le médecin a des gestes
20 calmes qui n'effraient pas l'enfant. Il ausculte[8] ses yeux, ses oreilles, écoute son corps, pose ses mains sur son ventre. Il se retourne, sourit au vieil homme et parle à la jeune fille.

« Le médecin dit qu'elle est en parfaite santé, *Oncle*, vous n'avez pas de souci à vous faire. Il a dit aussi que c'était un
25 beau bébé ! »

---

1 palper qn/qc: jdn./etw. abtasten
2 décharné/e: très maigre
3 le torse: Oberkörper
4 le marteau: Hammer
5 acquiescer: accepter
6 allonger qn/qc: jdn./etw. hinlegen
7 la table de consultation: Behandlungstisch
8 ausculter qn: examiner qn

Monsieur Linh sourit. Il est heureux et fier. Il rhabille l'enfant. La robe sous ses doigts est douce comme une peau.

Lorsque les deux femmes le raccompagnent au dortoir, il est bien tard. La nuit est tombée depuis longtemps. Plus question de[1] sortir. D'ailleurs, Monsieur Bark doit avoir quitté le banc. Il doit se poser des questions. Il doit être inquiet.

Avant de le quitter, la jeune fille lui dit ceci :

« Demain, on va venir vous chercher, *Oncle*. C'est votre dernière nuit ici. On vous conduira dans un endroit où vous serez mille fois mieux, bien plus tranquille et plus à votre aise. »

Monsieur Linh est affolé.

« Je suis bien ici, je ne veux pas partir… »

La jeune fille traduit à la femme du quai. Toutes deux se parlent durant quelques secondes.

« On ne peut pas faire autrement, reprend la jeune fille. D'ailleurs tout le monde va partir, le dortoir doit bientôt fermer. Et puis, vous n'irez pas bien loin. Vous ne changerez pas de ville. »

Le dernier propos[2] rassure un peu le vieil homme. Il restera dans la ville. Il pourra donc continuer à voir son ami. Il le dit à la jeune fille. C'est comme une demande[3].

« Bien sûr, vous le reverrez ! Tenez-vous prêt demain. Nous viendrons vous chercher. »

Tout se bouscule dans la tête de Monsieur Linh. Tout cela est trop rapide pour lui, le médecin, le déménagement[4].

---

1 plus question de: kommt nicht in Frage
2 le propos: ce qui est/a été dit
3 la demande: Bitte
4 le déménagement: Umzug

87

« Vous n'allez pas nous séparer au moins ? » C'est sorti comme un cri. Il serre sa petite fille contre lui. Il est prêt à se battre, à griffer[1], à mordre[2], à jeter ses dernières forces.

« Quelle idée, *Oncle* ! Bien sûr que non ! Vous resterez toujours tous les deux ensemble, n'ayez crainte ! »

Monsieur Linh se calme. Il s'assied sur le bord du matelas. Il ne dit plus rien. Les deux femmes restent encore un peu, puis la jeune fille lui rappelle :

« N'oubliez pas, demain matin, soyez prêt ! »

Alors elles s'en vont.

---

1 griffer qn : jdn. kratzen
2 mordre qn: jdn. beißen

XIV

Le vieil homme dort mal. Il sent la petite, paisible, à ses côtés, mais cela ne le calme pas. Cette nuit lui rappelle la dernière nuit qu'il a passée au pays, dans la peur et dans le noir.

Il avait marché durant des jours. Il avait quitté le village 5 qui n'était plus que cendres. Il était allé vers la mer, avec *Sang diû* dans ses bras et lorsqu'il y était enfin parvenu, il s'était aperçu que la plupart des paysans des autres campagnes, ceux qui avaient survécu, étaient partis comme lui et se retrouvaient là, hébétés[1], les mains vides, avec pour 10 seule fortune[2] ou presque les vêtements qu'ils portaient. Monsieur Linh s'était senti alors beaucoup plus riche que la plupart d'entre eux. Lui, il avait sa petite fille, le sang de son sang. Et il avait sa maigre valise aussi, avec quelques effets, la photographie ancienne, le sac de toile avec un 15 peu de terre, la terre du village, noire et limoneuse[3], qu'il avait travaillée durant toute sa vie, et avant lui son père, et avant lui son grand-père, une terre qui les avait nourris et accueillis au moment de la mort.

On les avait regroupés dans un baraquement en 20 planches[4]. Ils étaient des centaines, serrés les uns contre les autres, se taisant, n'osant faire aucun bruit, n'échangeant aucune parole. Certains avaient murmuré qu'on allait

---

1 hébété/e: benommen
2 la fortune: *hier* Hab und Gut
3 limoneux/-euse: schlammig
4 le baraquement en planches: Holzbaracke

89

venir les massacrer[1], que le bateau n'arriverait pas, que les passeurs[2] à qui ils avaient donné leurs dernières pièces leur couperaient à tous la gorge[3], ou les abandonneraient là, à tout jamais.

5   Monsieur Linh avait serré *Sang diû* durant toute la nuit. Autour de lui, ce n'était que peur et crainte, murmures, souffles précipités[4], cauchemars. Puis le matin était venu, dans sa lumière blanche. Et, vers le soir, ils avaient aperçu le bateau, un maigre bateau, qui dériva ensuite, durant des
10   jours, sur la mer, sous l'effroyable[5] chaleur du soleil qui écrasait la coque[6] et le pont de son étreinte[7], avant de tomber dans l'eau, très tard, vers le soir, comme un astre[8] mort.

Monsieur Linh entend les deux hommes qui, dans le fond du dortoir, jouent aux cartes tout en se racontant à
15   voix basse des histoires. Ce sont des récits de trésors et d'héritages[9] fabuleux[10], de jarres[11] enterrées remplies à ras bord[12] de piastres[13] quelque part, là-bas au pays. Ils rêvent à voix haute en abattant[14] les cartes. Le vieil homme songe à ce qu'ils disent. Il songe à ce qu'est véritablement son pays,
20   et à ce qu'est véritablement un trésor. Il serre plus encore sa petite fille. Il s'endort.

---

1   massacrer qn: tuer qn d'une manière très brutale
2   le/la passeur/-euse: Menschenschmuggler, Schleuser
3   couper la gorge: Kehle durchschneiden
4   le souffle précipité: Stöhnen
5   effroyable: terrible
6   la coque: Schiffsrumpf
7   l'étreinte *f.*: *ici* la force
8   l'astre *m.*: l'étoile *f.*
9   l'héritage *m.*: Erbschaft
10   fabuleux/-euse: fantastique
11   la jarre: un vase en terre cuite
12   rempli/e à ras bord: randvoll gefüllt
13   le piastre: pièce de monnaie de grande valeur
14   abattre: *ici* poser

90

Le lendemain matin, Monsieur Linh a fait son paquetage[1]. Il a préparé la valise, ainsi que les vêtements qu'on lui avait donnés. Il attend. Il est prêt. L'enfant aussi est prête, dans des habits simples, la chemise de coton recouverte d'un pull, un collant[2] et un petit pantalon donnés par le 5 bureau des réfugiés. La robe offerte par Monsieur Bark est soigneusement pliée dans la valise, près de la photographie et du sac en toile contenant la poignée de terre.

Vers dix heures, la femme du quai et la jeune fille arrivent. Elles le saluent. 10

« Nous venons vous chercher, *Oncle* ! » dit la jeune fille. Il se lève. Il se sent lourd. Le dortoir n'était pourtant pas un endroit très accueillant[3], mais il avait fini par s'y sentir bien. Il y avait reconstruit sans trop s'en rendre compte comme la partie survivante d'une maison défunte. 15

Monsieur Linh dit au revoir aux trois femmes qui le regardent partir, et aux hommes penchés sur leurs cartes. Les femmes disent avec de mauvais rires : « C'est ça, au revoir, *Oncle*, portez-vous bien ! Prenez bien soin[4] de la petite surtout ! C'est fragile les enfants ! » Quant aux hommes, 20 ils tendent en l'air une de leurs mains[5], et l'agitent, sans le regarder. C'est tout.

Dans la voiture, le vieil homme n'est pas très rassuré. Il voit des rues défiler[6], qu'il ne reconnaît pas. La pluie s'est mise à tomber violemment. Elle glisse sur les vitres[7] de la 25

---

1 le paquetage: Gepäck
2 le collant: Strumpfhose
3 accueillant/e: aimable
4 prendre soin de qn: s'occuper de qn
5 tendre en l'air: lever
6 défiler: vorbeiziehen
7 la vitre: la fenêtre

91

voiture. La ville semble diluée derrière cet écran[1] mobile qui
étire[2] les formes et brouille[3] les couleurs en les noyant.

Le voyage dure longtemps. Jamais le vieil homme n'aurait
pensé la ville si grande. Elle ne finit pas. Les deux femmes
échangent parfois quelques mots, puis se taisent. La jeune
fille interprète lui sourit, comme pour le rassurer. Quant au
chauffeur, il ne dit rien. Il fait glisser son automobile dans le
flot de la circulation[4].

Enfin, ils arrivent. La voiture est à l'arrêt devant un grand
porche en fer ouvragé[5]. Le chauffeur klaxonne[6]. Un homme
apparaît par une petite porte. Le chauffeur baisse sa vitre
et lui dit quelques mots. L'homme rentre à l'intérieur et
quelques secondes plus tard, comme par magie, le grand
porche s'ouvre. La voiture emprunte[7] une longue allée de
gravier[8] qui serpente[9] dans un parc. Au bout de ce parc
se trouve un Château, sur une hauteur[10]. La pluie a cessé.
Quand il sort de la voiture, Monsieur Linh lève les yeux. Les
tours du Château sont immenses. On a l'impression qu'elles
se perdent dans le ciel. La demeure[11] est majestueuse[12].

« C'est ici votre nouvelle maison, *Oncle*, lui dit la jeune
fille tandis qu'il ne peut détacher ses yeux des[13] tours qui se
dressent[14] au-dessus de sa tête.

---

1 l'écran *m.*: Bildfläche
2 étirer qc: etw. in die Länge ziehen
3 brouiller qc: etw. verschwimmen lassen
4 le flot de la circulation: Verkehrsstrom
5 le porche en fer ouvragé: schmiedeeisernes Tor
6 klaxonner: hupen
7 emprunter qc: prendre qc
8 le gravier: petites pierres
9 serpenter: sich schlängeln
10 la hauteur: *ici* la colline
11 la demeure: la maison
12 majestueux/-euse: herrschaftlich
13 détacher ses yeux de qc: seine Augen von etw. losreißen
14 se dresser: se présenter

92

— Ici ? demande le vieil homme, incrédule[1].

— Oui, vous serez bien. Regardez, il y a un beau parc, vaste[2], où l'on peut se promener. Et de l'autre côté, on peut voir la mer en contrebas[3]. Vous verrez, c'est magnifique.

— La mer…, reprend Monsieur Linh, sans vraiment réaliser.

La femme du quai l'a pris par le bras et le conduit à l'intérieur. L'entrée est gigantesque. Un homme vient à leur rencontre[4], à qui la femme donne des explications en montrant Monsieur Linh. Dans un angle, il y a un palmier[5] dans un pot. Dans un autre angle, il y a trois vieillards[6], vêtus de robes de chambre bleues en tissu[7] épais. Ils sont assis sur des fauteuils[8] et regardent Monsieur Linh. Leurs yeux paraissent morts. Tout paraît mort en eux.

Monsieur Linh serre sa petite fille contre lui. Il pense au gros homme, son ami, et se dit qu'il aimerait tant qu'il apparaisse, là, immédiatement. Comme il serait heureux ! Mais rien n'apparaît sinon une femme habillée d'une blouse blanche. L'homme lui dit quelques mots. Elle approuve de la tête, puis elle s'adresse à la femme du quai et à la jeune fille.

« Venez, *Oncle*, on va vous montrer votre chambre. »

La femme en blanc veut s'emparer[9] de la valise du vieil homme mais il serre la poignée et fait non de la tête. Elle

---

1 incrédule: qui ne veut pas croire
2 vaste: grand/e
3 en contrebas: plus bas
4 venir à la rencontre de qn: jdm. entgegenkommen
5 le palmier: Palme
6 le vieillard: un homme très vieux
7 le tissu: Stoff
8 le fauteuil: Sessel
9 s'emparer de qc: prendre qc

93

n'insiste[1] pas. Elle ouvre la marche[2] et les invite à la suivre. Ils passent par quantité de[3] couloirs[4] et d'escaliers. Parfois ils croisent des hommes et des femmes, très vieux, tous habillés des mêmes peignoirs[5] bleus, qui se déplacent avec lenteur,
5 en silence. Tous dévisagent Monsieur Linh avec leurs yeux ternes[6]. Certains pour avancer s'aident de cannes[7], de béquilles[8] ou d'un curieux instrument qu'ils poussent devant eux et sur lequel ils s'appuient.

« Voilà, *Oncle*, ce sera votre chambre désormais ! »

10 Ils viennent d'entrer dans une pièce aux murs beiges. Assez grande, lumineuse, propre. Il y a un lit, une chaise, une petite table, un fauteuil, un cabinet de toilette[9]. La femme en blanc tire le rideau[10]. On aperçoit un grand arbre dont le faîte[11] est balancé par le vent.

15 « La vue est belle, venez voir, *Oncle*. »

Monsieur Linh s'approche de la fenêtre. Des arbres, le parc et ses pelouses[12] vertes comme des feuilles de bananier, et au loin les toits de la ville, innombrables, serrés les uns contre les autres, la ville moutonnante[13] sur les collines, avec
20 ses rues, ses foules, ses automobiles qui la sillonnent[14] en tous sens, son fracas de moteurs, de klaxons, et quelque part, là-bas, il ne sait où, au milieu de cette immensité, le

---

1 insister: auf etw. bestehen
2 ouvrir la marche: marcher en tête
3 quantité de: beaucoup de
4 le couloir: Flur
5 le peignoir: Morgenmantel
6 terne: ≠ brillant/e
7 la canne: (Spazier)Stock
8 la béquille: Krücke
9 le cabinet de toilette: une petite salle de bain
10 le rideau: Vorhang
11 le faîte: la partie la plus haute (d'un arbre)
12 la pelouse: Rasen
13 moutonnant/e: sich in Wellenform über die Hügel erstreckend
14 sillonner qc: traverser qc

gros homme, son ami, qui ne l'a pas vu depuis deux jours, et qui doit se poser des questions.

« Nous viendrons vous voir régulièrement. Vous verrez, les gens sont très gentils ici, ils s'occuperont bien de vous, vous ne manquerez de rien ! »

La jeune fille sourit.

« Et mes cigarettes ? » demande Monsieur Linh.

La jeune fille s'adresse à la femme du quai, puis à la femme en blanc. Toutes trois échangent quelques paroles. La jeune fille se retourne vers le vieil homme.

« C'est interdit de fumer, ici, *Oncle*. Et vous savez, fumer, c'est très mauvais pour la santé ! »

Monsieur Linh se sent soudain triste, comme si on venait d'ouvrir son corps pour en retirer un organe inutile et tout à la fois essentiel. Oui, il y a un vide en lui. Une grande lassitude[1] s'empare de tout son être, mais il ne veut pas que l'enfant s'en rende compte. Il lui faut être fort, pour l'enfant. *Sang diû* a besoin de lui. Elle est encore si petite, et si fragile. Il n'a pas le droit d'être faible, ni de se plaindre de son sort.

« Tout ira bien », dit-il à la jeune fille.

Un peu plus tard, lorsqu'il se retrouve seul avec l'enfant, dans la chambre, que sont parties la jeune fille, la femme du quai et la femme en blanc, Monsieur Linh regarde les murs, nus et beiges. Il se rappelle alors les grandes cages qu'il a aperçues dans le Parc où se pressent les familles et les enfants. Et puis, comme une flèche invisible tirée contre son cœur, il revoit l'immensité des rizières, adossées[2] à la montagne et qui étendaient[3] leurs vertes aigrettes[4] jusqu'à la mer qu'on savait là-bas, au loin, sans jamais aller la voir.

---

1 la lassitude: la fatigue
2 être adossé/e à qc: an etw. angebaut sein
3 étendre qc: etq. ausstrecken
4 l'aigrette *f.*: Federkrone

Il s'assied sur le lit, prend l'enfant sur ses genoux, lui caresse le front, les joues, passe ses doigts maigres et noueux sur la petite bouche, sur les paupières[1]. Il ferme les yeux et murmure la chanson.

Sujets d'étude

1. Résumez ce chapitre.
2. Monsieur Linh a fui son pays. Il se souvient. Comparez sa situation de réfugié avec celle présentée dans les textes p. 146 et p. 150.
3. Formulez des hypothèses sur le « Château » et la suite de l'histoire.
4. Une fois Monsieur Linh reparti dans sa chambre, le médecin et la jeune interprète parlent du vieil homme. Imaginez le dialogue.

---

1 la paupière: Augenlid

XV

Lorsque le jour décline, la femme en blanc revient le voir.
Elle lui apporte un pyjama, ainsi qu'une robe de chambre
bleue. Elle lui fait comprendre qu'il faut endosser[1] ces
vêtements. Elle attend, les bras croisés. Monsieur Linh pose
sa petite fille sur le lit et va dans le cabinet de toilette. Il   5
passe le pyjama, enfile[2] la robe de chambre. Elle est trop
grande pour lui. Elle touche presque terre. C'est un curieux
habit. Quand il revient dans la chambre, la femme en blanc
le regarde et sourit, mais ce n'est pas un sourire méchant,
plutôt un sourire amusé et affectueux[3]. Elle prend dans ses   10
bras les vêtements anciens que Monsieur Linh portait et
s'en va.

Le vieil homme se sent tout drôle. Il y a un grand miroir
derrière la porte de sa chambre. Il se regarde dedans, et
aperçoit une marionnette revêtue d'un long habit bleu.   15
La marionnette paraît perdue dans son vêtement, ses mains
disparaissent dans ses manches[4]. Sa tête est infiniment
triste.

La nuit tombe. Monsieur Linh assis sur son lit a pris son
enfant dans ses bras. Il la berce[5]. La femme en blanc revient   20
et lui fait comprendre qu'il faut la suivre. Elle marche vite.
Le vieil homme trottine[6] derrière elle, empêtré dans les

---

1   endosser qc: mettre un vêtement
2   enfiler qc: *fam.* mettre (un vêtement)
3   affectueux/-euse: liebevoll
4   la manche: Ärmel
5   bercer qn: jdn. wiegen
6   trottiner: marcher à petits pas

pans[1] de la robe de chambre qui s'ouvrent et se rabattent[2] sans cesse. Ils passent par quantité de couloirs et d'escaliers pour arriver enfin dans une grande salle. Il y a là environ une trentaine de tables, et autour de ces tables, occupés à
5 manger une soupe, des dizaines et des dizaines de femmes et d'hommes, âgés, revêtus uniformément de la même robe de chambre bleue.

La femme en blanc accompagne Monsieur Linh jusqu'à une place libre. Il s'assied entre deux hommes. Face à lui,
10 deux autres hommes qui entourent une femme. Aucun ne lève les yeux lorsqu'il s'installe. On lui apporte une assiette de soupe. *Sang diû* est sur ses genoux. Il place la serviette autour de son cou, mais l'enfant est comme lui, elle ne semble pas avoir très faim : la soupe coule de ses lèvres et
15 glisse sur son menton. Monsieur Linh l'essuie, recommence et, pour montrer l'exemple à la petite, il en avale lui-même quelques cuillères.

Les autres convives ne lui prêtent pas attention. Ils ne regardent rien. Certains ont la tête penchée sur leur assiette.
20 D'autres ont les yeux perdus vers un point très éloigné de la salle. Quelques-uns ont le visage en proie à un perpétuel tremblement[3] et se barbouillent[4] de soupe. Aucun ne parle. C'est un étrange silence. On n'entend que le bruit des cuillères contre les assiettes, les chuintements[5] des bouches,
25 parfois des éternuements[6]. Rien de plus.

Monsieur Linh repense au dortoir, aux femmes moqueuses[7], à leurs maris joueurs, aux enfants bruyants. Il se surprend à les regretter, à regretter ces familles qui

---

1 le pan: une partie d'un vêtement
2 se rabattre: *ici* se fermer
3 en proie à un perpétuel tremblement: qui n'arrête pas de trembler
4 se barbouiller: se salir
5 le chuintement: *hier* Schlürfen
6 l'éternuement *m.*: Niesen
7 moqueur/-euse: qui se moque

parlaient sa langue, même si elles ne s'adressaient pour ainsi dire jamais à lui. Mais au moins, il vivait encore dans la musique des mots de son pays, dans leur belle mélopée[1] aiguë[2] et nasillarde[3]. Tout cela est loin. Pourquoi lui faut-il donc s'éloigner de tant de choses ? Pourquoi la fin de sa vie n'est-elle que disparition[4], mort, enfouissement[5] ?

Monsieur Linh blottit l'enfant contre lui. Le repas se termine. Déjà des vieillards se lèvent, dans des raclements de chaise[6], et s'en vont, suivis par d'autres. La salle se vide. Monsieur Linh ne trouve pas la force de se lever. C'est la femme en blanc qui vient le chercher, et le raccompagne jusqu'à sa chambre. Elle prononce quelques mots, et s'en va.

Le vieil homme s'approche de la fenêtre. Le vent n'agite plus le grand arbre, mais la nuit a fait éclore[7] dans la ville des milliers de lumières qui scintillent[8] et paraissent se déplacer. On dirait des étoiles tombées à terre et qui cherchent à s'envoler[9] de nouveau vers le ciel. Mais elles ne peuvent le faire. On ne peut jamais s'envoler vers ce qu'on a perdu, songe alors Monsieur Linh.

---

1 la mélopée: un chant lent et monotone
2 aigu/e: hell klingend
3 nasillard/e: qui est prononcé/e par le nez
4 la disparition: action de disparaître
5 l'enfouissement *m.*: *ici* l'isolement, la solitude
6 le raclement de chaise: Stühlerücken
7 éclore: apparaître
8 scintiller: glitzern
9 s'envoler: partir en volant

XVI

Les jours passent. Le vieil homme a appris à connaître sa
nouvelle maison, le trajet[1] difficile des couloirs, des escaliers,
l'emplacement[2] de la salle de réfectoire[3], celle de la salle
aux fauteuils comme il l'appelle, car il y a des fauteuils un
5 peu partout dans cette pièce. Des fauteuils qui attendent.
Il a appris aussi à connaître les horaires auxquels il lui faut
se rendre dans la salle de réfectoire. Là, il s'assied toujours
à la même place, à la même table, aux côtés des mêmes
vieillards muets[4]. Il s'est habitué à sa robe de chambre
10 bleue, trouvant même au surplus[5] de tissu un avantage car
il lui permet d'envelopper sa petite fille lorsqu'il la promène
dans le Château et qu'il fait un peu frais.

Ce qui le frappe dans ce nouveau lieu, c'est que les gens
qui l'entourent, ceux qui sont habillés comme lui, sont tous
15 indifférents[6] les uns aux autres, comme les piétons[7] sur les
trottoirs de la ville. Personne ne regarde personne. Nul
ne se parle. Parfois seulement éclate une querelle[8], deux
pensionnaires[9] se chamaillent il ne sait trop pourquoi, mais
bien vite une femme en blanc apparaît et les sépare.

---

1 le trajet: le chemin
2 l'emplacement *m.*: le lieu où se trouve qn/qc
3 la salle de réfectoire: la salle à manger pour beaucoup de gens
4 muet/te: qui ne parle pas
5 le surplus: ce qui est en trop
6 indifférent/e: qui ne s'intéresse à rien
7 le/la piéton/ne: Fußgänger/in
8 une querelle éclate: ein Streit bricht aus
9 le/la pensionnaire: l'habitant/e d'un établissement

Monsieur Linh fait tout pour éviter une vieille femme qui l'a poursuivi dans le parc. Elle s'était au départ rapprochée de lui sans qu'il y ait pris garde[1], puis elle avait mis les mains sur l'enfant, essayant de s'en emparer. Elle l'avait serrée fort, en riant, mais Monsieur Linh avait réussi à repousser la vieille femme qui s'était mise alors à courir à ses trousses[2] dans les allées, en hurlant[3]. Il s'était caché derrière un bosquet, parlant à l'oreille de l'enfant, pour la rassurer. La vieille femme ne les avait pas vus et avait continué son chemin. Depuis, dès qu'il aperçoit au loin cette folle, il fait demi-tour[4].

Le parc est grand. Le temps est de plus en plus doux. La journée, Monsieur Linh est souvent dehors, au soleil. Il enlève parfois la robe de chambre bleue pour ne rester qu'en pyjama – le pyjama de jour, car on lui a fait comprendre qu'il y en avait un pour le jour, et un autre pour la nuit – mais une femme en blanc apparaît vite et lui demande de la remettre. Alors il la remet, sans protester.

Quand il contemple la ville, Monsieur Linh ne cesse de penser à son ami, le gros homme. Et quand il regarde la mer, il ne cesse de penser à son pays perdu. Aussi la vue de la mer et celle de la ville le rendent-elles pareillement triste. Le temps passe et creuse[5] en lui un vide douloureux. Bien sûr il y a la petite, et pour elle il faut être fort, faire bonne figure[6], lui chanter la chanson comme si de rien n'était. Il faut être gai[7] pour elle, lui sourire, la faire manger, veiller à[8] ce qu'elle dorme bien, à ce qu'elle grandisse, à ce qu'elle devienne

---

1 prendre garde à qc: faire attention à qc
2 être aux trousses de qn: poursuivre qn
3 hurler: crier
4 faire demi-tour: retourner sur ses pas
5 creuser qc: etw. bohren, etw. aushöhlen
6 faire bonne figure: Haltung bewahren
7 gai/e: fröhlich
8 veiller à qc: faire très attention à qc

une belle enfant. Mais le temps est là, qui blesse l'âme du vieil homme, ronge[1] son cœur et abrège[2] son souffle.

Il aurait tant envie de revoir son ami. Il aurait tant envie de demander à la jeune fille interprète comment faire pour le revoir, mais la jeune fille ne revient pas et la femme du quai pas davantage. C'est pourquoi, après avoir bien réfléchi, Monsieur Linh décide de se débrouiller seul, d'aller en ville lui-même, de retrouver la rue du dortoir, et celle du banc et du parc, de patienter[3] sur le banc, autant de temps qu'il le faudra, pour revoir enfin son ami le gros homme.

Il attend le jour favorable[4], un jour très beau. Et ce jour arrive. Monsieur Linh a tout prévu. Il partira après le repas de midi. Arrivé au réfectoire parmi les premiers, il mange copieusement[5], terminant son assiette, reprenant deux fois de la nourriture car il lui faudra des forces. Une femme en blanc s'approche, lui met la main sur l'épaule, sourit en le regardant manger. Ses voisins de table sont toujours aussi indifférents. Leurs pupilles[6] sont comme des cailloux vitreux[7] posés au centre d'une flaque d'eau[8] dont les bords seraient un peu rougis. Monsieur Linh ne s'en préoccupe pas. Il mange et mange tant qu'il finit par se sentir lourd, lourd et fort. Il peut y aller. Oui, maintenant il peut y aller.

Sang diû s'est endormie sur son épaule. Il a quitté le réfectoire et il marche d'un bon pas dans l'allée centrale du parc, celle qu'il a empruntée en voiture le premier jour. À mesure qu'il s'éloigne du Château, il ne croise plus aucun

---

1 ronger qc: détruire qc peu à peu
2 abréger qc: diminuer qc
3 patienter: attendre dans le calme
4 favorable: günstig
5 copieusement: beaucoup
6 la pupille: le centre noir de l'œil *m.*
7 le caillou vitreux: glasiger Kieselstein
8 la flaque d'eau: Wasserlache

102

pensionnaire, mais seulement des oiseaux qui fusent[1] en dehors des bosquets[2], tirent des pelouses de gros vers de terre[3] qui gesticulent[4], sautillent[5] dans les graviers en sifflant de temps à autre.

Monsieur Linh aperçoit le grand porche de fer, et tout à côté de lui, une cabane aux dimensions restreintes[6]. Le porche est fermé, mais à trois mètres environ, une petite porte s'ouvre dans le mur. Le vieil homme se dirige vers elle. Et c'est au moment où il saisit la poignée et commence à pousser la porte qu'il entend quelqu'un crier dans son dos. En se retournant, il voit un homme sortir de la cabane et venir rapidement vers lui. L'homme lui parle mais Monsieur Linh a l'impression qu'il aboie. Il reconnaît l'homme : c'est celui qui avait ouvert les deux battants[7] du porche, le jour de son arrivée, après avoir échangé quelques mots avec le chauffeur de taxi.

Le vieil homme ne se démonte[8] pas et continue à pousser la porte. Il aperçoit déjà la rue mais l'homme qui aboie est maintenant près de lui, et d'un violent coup de main, il referme la porte, se plante[9] devant et repousse Monsieur Linh.

« Je veux sortir, dit le vieil homme, j'ai un ami à retrouver. »

L'autre ne comprend rien bien sûr. Il ne parle pas la langue du pays, mais Monsieur Linh continue à lui parler

---

1 fuser: *ici* voler
2 le bosquet: un groupe d'arbres
3 le ver de terre: Regenwurm
4 gesticuler: *ici* trembler
5 sautiller: herumhüpfen
6 aux dimensions restreintes: pas très grand
7 le battant: Tür-, Torflügel
8 se démonter: perdre son calme
9 se planter devant qn/qc: sich vom jdm./etw. aufbauen

tout de même, à lui dire qu'il veut sortir, qu'il a quelque chose à faire, qu'il faut le laisser passer.

L'homme le maintient à distance simplement en tendant la main et en l'appliquant[1] sur sa maigre poitrine. Tout
5 en faisant cela, il parle à un appareil qu'il tient dans son autre main et qui grésille de temps en temps. Bientôt, on entend des pas précipités, une course[2] dans l'allée qui vient du Château. Ce sont deux femmes en blanc, suivies d'un homme, en blanc lui aussi.

10 « Je veux sortir », répète encore Monsieur Linh. On l'entoure. Les deux femmes essaient de le calmer et de l'emmener, mais il ne se laisse pas faire. De sa main libre, il s'accroche à la poignée de la porte et de l'autre main il serre la taille de sa petite fille afin qu'elle ne tombe pas.

15 Les deux femmes en blanc perdent peu à peu leur sourire et leur douceur. L'homme en blanc s'approche alors et desserre un à un les doigts de Monsieur Linh qui tenaient la poignée. Il est désormais maintenu fermement mais il se débat[3] de toutes ses forces. Une des femmes sort de la poche
20 de sa blouse une boîte en métal de forme rectangulaire[4]. Elle l'ouvre, y prend une seringue[5] dont elle vérifie le niveau en faisant gicler[6] de l'aiguille[7] quelques gouttes[8] de produit. Elle soulève la manche gauche de la robe de chambre de Monsieur Linh, puis sa manche de pyjama, et pique[9] dans le
25 muscle du bras.

---

1 appliquer qc: mettre qc
2 la course: le fait de courir
3 se débattre: se défendre
4 rectangulaire: rechteckig
5 la seringue: Spritze
6 gicler: verspritzen
7 l'aiguille *f.*: Nadel
8 la goutte: Tropfen
9 piquer: einstechen

Le vieil homme cesse peu à peu de se débattre et de parler. Il sent son corps s'amollir[1], devenir chaud. Les arbres tournent au-dessus de sa tête. Les visages des personnes qui l'entourent se déforment et s'allongent. Leurs voix prennent une résonance cotonneuse[2] et l'allée de gravier devient une 5 couleuvre d'eau[3] qui fait luire nonchalamment[4] ses écailles[5] dans le bleu du ciel. Avant de s'évanouir[6] vraiment, il a juste le temps de voir une des femmes, pas celle de la piqûre[7] mais l'autre, se saisir de *Sang diû* et la prendre dans ses bras. Alors, Monsieur Linh, rassuré de savoir que l'enfant 10 n'est pas tombée à terre, se laisse glisser tout à fait sur la pente abrupte[8] du sommeil artificiel[9].

Sujets d'étude

1. Résumez la situation au « Château » en vous référant aux deux derniers chapitres.
2. On dit que le fait de parler plusieurs langues ouvre de nombreuses portes. Commentez cette affirmation en vous référant à la situation de Monsieur Linh.
3. Est-ce que nos sociétés contemporaines savent faire une place aux marginaux? Discutez.

---

1 s'amollir: devenir faible
2 la résonance cotonneuse: gedämpfter Klang
3 la couleuvre d'eau: Wassernatter
4 nonchalamment: tranquillement
5 l'écaille *f.*: Schuppe
6 s'évanouir: in Ohnmacht fallen
7 la piqûre: le fait de piquer
8 la pente abrupte: steiler Abhang
9 artificiel/le: ≠ naturel/le

105

XVII

C'est une nuit qui n'en finit[1] pas. Une nuit comme il n'en a jamais connu. Elle paraît durer un siècle, mais sa noirceur[2] n'est aucunement inquiétante. Au départ, le vieil homme a le sentiment d'être dans une de ces grottes[3] qui
5 trouent[4] la montagne au-dessus du village et qui sont le repaire[5] des chauves-souris[6]. Monsieur Linh marche dans la grotte vers un point lointain, d'une brillance et d'une blancheur incandescentes[7]. Tout en marchant, il sent les forces revenir dans son corps. Ses muscles roulent sous sa
10 peau avec souplesse[8]. Ses jambes sont fermes et le portent merveilleusement. Lorsqu'il atteint l'entrée de la grotte, le jour l'éblouit[9]. Le soleil perce au travers des feuillages des grands arbres bruissant[10] des cris des singes[11] et de ceux des oiseaux. Le vieil homme cligne des yeux[12]. Toute cette lumière
15 qui se déverse[13] l'aveugle[14] en même temps qu'elle le remplit d'une joie profonde, inexprimable. Une joie d'enfant.

---

1 n'en pas finir: kein Ende nehmen
2 la noirceur: la couleur noire
3 la grotte: Höhle
4 trouer qc: faire des trous
5 le repaire: le lieu où on se cache
6 la chauve-souris: Fledermaus
7 incandescent/e: weißglühend
8 la souplesse: Geschmeidigkeit
9 éblouir qn: jdn. blenden
10 bruissant/e: qui fait un bruit léger
11 le singe: Affe
12 cligner les yeux: fermer presque complètement les yeux
13 se déverser: sich verbreiten
14 aveugler qn: éblouir qn

106

Lorsque ses yeux se sont habitués, il remarque alors la présence d'un homme, assis sur un rocher, à quelques mètres. L'homme lui tourne le dos. Il regarde le paysage de la forêt. Il fume une cigarette. Des branches mortes craquent sous les pas de Monsieur Linh. L'homme se retourne et l'aperçoit. Il sourit, secoue la tête avec satisfaction. Monsieur Linh aussi sourit en voyant que l'homme assis est le gros homme, son ami.

« Vous en avez mis du temps ! J'ai fumé dix cigarettes déjà ! Je me demandais si vous alliez venir… », dit le gros homme, faussement en colère[1].

Monsieur Linh comprend parfaitement ce que dit son ami et ne s'en étonne même pas.

« C'est que le chemin est long. J'ai marché, j'ai marché, ça n'en finissait pas », répond-il.

Le gros homme lui aussi semble parfaitement comprendre ce que dit Monsieur Linh, et cela ne l'étonne pas davantage.

« J'ai eu peur que vous soyez déjà parti, que vous ne m'ayez pas attendu…

— Vous plaisantez, dit le gros homme. Je suis tellement heureux chaque fois que je vous vois. J'aurais attendu encore des jours et des jours s'il avait fallu. »

Ces dernières paroles touchent beaucoup le vieil homme. Il serre son ami dans ses bras, et lui dit simplement « Venez ».

Les deux amis s'en vont. Ils descendent le chemin qui se coule[2] dans la forêt. Le jour est d'une beauté sans égale[3]. L'air embaume[4] la terre humide et la fleur de frangipanier[5].

---

1   faussement en colère: in gespieltem Zorn
2   se couler: sich entlangschlängeln
3   sans égal/e: sans comparation
4   embaumer qc: etw. mit Duft erfüllen
5   la fleur de frangipanier: Wachsblume

107

Les mousses[1] ressemblent à des coussins brodés de jade[2] et les bambous frémissent[3] des bruissements de mille oiseaux. Monsieur Linh marche en tête. Souvent il se retourne vers son ami et lui indique d'un mot ou d'un geste une racine susceptible de[4] le faire trébucher[5], ou bien une branche qui pourrait le blesser.

La forêt cède la place à la plaine[6]. Les deux hommes s'arrêtent à sa lisière[7] et leurs regards embrassent l'étendue[8] verte qui tout au loin s'épanche[9] vers le bleu tremblant de la mer.

Dans les rizières, les femmes en chantant repiquent[10] les jeunes pousses[11] de riz. Leurs pieds disparaissent dans la mare chaude et boueuse. Des buffles méditent, la tête basse, tandis que des pique-bœufs[12] paradent sur leurs dos en ébouriffant[13] leurs plumes[14] blanches. Des enfants tentent d'attraper des grenouilles en poussant de grands cris et en frappant l'eau avec des baguettes de saule[15]. Dans le vent léger, au ciel, les hirondelles[16] écrivent d'invisibles poésies.

« Que c'est beau ! s'exclame le gros homme.

— C'est mon pays... », dit Monsieur Linh en faisant un geste de la main comme s'il en était le seigneur.

---

1 la mousse: Moos
2 le coussin brodé de jade: jadebesticktes Kissen
3 frémir: trembler
4 susceptible de faire qc: qui pourrait faire qc
5 trébucher: stolpern
6 la plaine: Flachland
7 la lisière: Waldrand
8 l'étendue *f.*: Fläche
9 s'épancher: sich erstrecken
10 repiquer qc: etw. pikieren, stechen
11 la pousse: Trieb (einer Pflanze)
12 le pique-bœuf: Madenhacker (Vogelart)
13 ébouriffer qc: mettre qc en désordre
14 la plume: Feder
15 la baguette de saule: Weidenrute
16 l'hirondelle *f.*: Schwalbe

108

Tous deux poursuivent leur marche sur un sentier large. Parfois ils croisent des paysans qui s'en reviennent du marché, leur palanche allégée. La vente a été bonne. Monsieur Linh les salue, présente son ami. On échange un mot ou deux. On se quitte en se souhaitant beaucoup de félicité. 5

Lorsqu'ils arrivent en vue du village de Monsieur Linh, ils sont déjà suivis par toute une troupe d'enfants que le vieil homme apostrophe[1] et réprimande[2]. Mais il n'y a pas de méchanceté[3] dans ses mots car ces enfants qui piaillent[4], 10 cette troupe brune aux yeux noirs, aux cheveux d'encre[5] qui narguent[6] le soleil, aux ventres rebondis[7], aux sourires de lait et aux pieds nus, ce sont les jeunes pousses, les aubes des lendemains, les ruisseaux de sève de son village, de son pays, de sa terre qu'il aime et porte au plus profond de son 15 être.

« Voici la maison de *frère* Duk. Et voici la maison de *frère* Lanh. Ici, c'est la maison de *frère* Nang. Là, celle de *frère* Thiep, ici… »

Monsieur Linh présente toutes les maisons du village à 20 son ami. Il présente les ancêtres aussi, quand ceux-ci sont près des portes à chauffer leurs vieux os au soleil. On se salue en inclinant la tête et en joignant les mains. Le gros homme sourit. Il dit à Monsieur Linh que jamais depuis longtemps il n'a été aussi heureux. 25

---

1   apostropher qn: jdn. anfahren
2   réprimander: jdn. zurechtweisen
3   la méchanceté: caractère de qn qui est méchant/e
4   piailler: crier
5   l'encre *f.*: un liquide noir qui sert à écrire
6   narguer qn/qc: *fam. hier* jdm./etw. ausgesetzt sein
7   rebondi/e: gros/se

Des cochons[1] se roulent au creux de la poussière[2] de la rue principale. Des chiens s'épouillent[3] ou s'étirent en bâillant. Des poules se disputent un peu de grain perdu. À l'ombre d'un immense banian plusieurs fois centenaire[4], de vieilles femmes tressent des nattes en bambou. À leurs côtés, trois bambins[5] assis sur leur derrière jouent avec une plume fichée[6] dans un bouchon[7].

« Et voici ma maison. » Monsieur Linh sourit à son ami. Il désigne sa demeure et l'invite à entrer. Le gros homme commence à monter l'escalier qui ploie[8] sous son poids.

« Vous êtes sûr que ça tient ? dit-il.

— C'est moi qui l'ai construit, répond Monsieur Linh. Un éléphant pourrait le grimper[9], ne vous en faites pas[10] ! »

Ils rient tous les deux.

Parvenus dans la pièce de la maison, Monsieur Linh invite son ami à s'asseoir. Un repas les attend. C'est la belle-fille[11] de Monsieur Linh qui l'a préparé, avant de partir pour les champs, avec son fils et leur enfant, la petite *Sang diû*.

Les mets sont disposés sur des assiettes et dans des bols. Il y a une soupe aux liserons d'eau et à la citronnelle, des crevettes sautées à l'ail[12], un crabe farci[13], des nouilles aux légumes, du porc à la sauce aigre-douce[14], des beignets

---

1 le cochon: Schwein
2 au creux de la poussière: in den staubigen Furchen
3 s'épouiller: sich lausen
4 centenaire: qui a cent ans
5 le bambin: *fam.* petit enfant
6 fiché/e: planté/e, enfoncé/e
7 le bouchon: Korken
8 ployer: sich biegen
9 grimper: monter
10 ne vous en faites pas!: soyez tranquille!
11 la belle-fille: la femme du fils de qn
12 sauté/e à l'ail: in Knoblauch gebraten
13 farci/e de qc: rempli/e avec qc
14 le porc à la sauce aigre-douce: Schweinefleisch in süß-sauer Sauce

de banane et des gâteaux de riz gluant. C'est un véritable festin[1]. Toutes les nourritures répandent dans la maison leurs parfums délicieux de coriandre fraîche, de cannelle[2], de gingembre[3], de légumes, de caramel. Monsieur Linh encourage[4] son ami à goûter ces mets et lui-même se sert copieusement, reprenant plusieurs fois de chaque plat. Voilà une éternité qu'il n'avait pas pris autant de plaisir à manger. Il verse à son ami de petits verres d'alcool de riz. Tous deux boivent et mangent, et se sourient. Par les fenêtres de la pièce, on voit les rizières et la lumière du soleil qui étincelle[5] dans l'eau.

« Je n'ai jamais rien mangé d'aussi bon ! dit le gros homme. Vous féliciterez la cuisinière !

— C'est en effet une bonne cuisinière, dit Monsieur Linh. En plus mon fils l'aime et elle aime mon fils. Elle lui a fait un bel enfant. »

Le gros homme tient son ventre à deux mains. Il ne reste plus rien dans les bols et les assiettes. Les deux amis sont repus.

« Fumez, je vous en prie, dit Monsieur Linh au gros homme. J'aime le parfum de vos cigarettes. »

Alors celui-ci sort de sa poche un paquet, tape sur le fond avec ses doigts jaunis, le présente à Monsieur Linh qui dit non de la tête, en souriant. Le gros homme prend une cigarette, la glisse entre ses lèvres, l'allume, tire la première bouffée, ferme les yeux.

Le jour avance. La chaleur dans la maison ouverte ressemble à une large caresse qui adoucit les corps. Les deux amis contemplent le paysage, se regardent, échangent

---

1 le festin: un repas de fête
2 la cannelle: Zimt
3 le gingembre: Ingwer
4 encourager qn: jdn. ermutigen
5 étinceler: briller

111

quelques mots. Les heures passent. Monsieur Linh désigne les montagnes qui forment comme un cirque et dont les crêtes[1] paraissent trembler un peu et disparaître dans le ciel. Il dit le nom de chaque montagne, et raconte pour chacune d'elles la légende qui y est attachée. Certaines sont terrifiantes[2]. D'autres au contraire sont légères[3] et drôles. Le gros homme l'écoute attentivement tout en fumant ses innombrables cigarettes.

Avant que le soir ne commence à poser son empreinte fauve[4] sur la terre, Monsieur Linh dit au gros homme :

« Venez maintenant, la fraîcheur est revenue. Nous pouvons marcher. Je veux vous emmener voir quelque chose. »

Les voici de nouveau dans la rue du village, puis entre les rizières, puis dans la forêt. Les frottements d'ailes de criquets[5], les cris de singes, les chants d'oiseaux les précèdent[6], les enveloppent et les suivent. Monsieur Linh marche devant, une tige[7] de bambou à la main avec laquelle il cingle[8] les herbes piquantes[9] qui parfois se courbent sur le sentier, et il chante, il chante la chanson :

« Toujours il y a le matin
Toujours revient la lumière
Toujours il y a un lendemain
Un jour c'est toi qui seras mère. »

---

1 la crête: le sommet d'une montagne
2 terrifiant/e: qui fait peur
3 léger/-ère: *ici* pas triste
4 fauve: fahlgelb
5 le frottement d'ailes des criquets: Zirpen der Grillen
6 précéder qn: jdm. vorauseilen
7 la tige: la partie d'une plante qui porte les feuilles
8 cingler qc: frapper qc
9 l'herbe *f.* piquante: stacheliges Gras

« C'est une belle chanson, dit le gros homme. J'ai toujours aimé vous l'entendre chanter.

— Ce sont les femmes d'ordinaire[1] qui la fredonnent, mais je sais que la petite aime quand je la chante, c'est pourquoi je la lui murmure sans cesse, près de l'oreille, et je vois ses yeux briller, même dans son sommeil, je sais que ses yeux brillent. Mais écoutez bien, dit Monsieur Linh, voici une autre chanson. »

Et il met la main à son oreille pour inviter son ami à prêter attention.

Un bruit d'eau joueuse[2] semble provenir de la forêt alors qu'on ne décèle[3] à cet endroit la présence d'aucune rivière, d'aucun ruisseau. Mais c'est bien pourtant le bruit de l'eau que l'on entend, le bruit d'une eau vive.

Monsieur Linh fait signe à son ami de le suivre. Il quitte le sentier et s'enfonce dans la forêt. Le dernier soleil dépose çà et là des pièces d'or sur le tapis[4] de mousses, et soudain, jaillissant de cette mosaïque verte mêlée de feu[5], une source apparaît. Elle naît entre deux pierres et son eau qui s'élance[6] suit cinq directions, comme si elle dessinait la forme d'une main tendue et de cinq doigts écartés[7], une main ouverte, une main offerte[8]. Les cinq filets d'eau disparaissent ensuite dans le sol, quelques pas plus loin, aussi miraculeusement[9] qu'ils étaient venus à la lumière.

« Cette source n'est pas une source ordinaire, dit Monsieur Linh au gros homme. On raconte que son eau a le pouvoir

---

1 d'ordinaire: d'habitude
2 joueur/-euse: verspielt
3 déceler qc: découvrir qc
4 le tapis: Teppich
5 mêlé/e de feu: *etwa* mit Lichtflecken
6 s'élancer: se lancer en avant
7 écarté/e: gespreizt
8 offert/e: donné/e en cadeau
9 miraculeusement: comme par miracle

de donner l'oubli à celui qui la boit, l'oubli des mauvaises choses. Lorsque l'un d'entre nous sait qu'il va mourir, il s'en va vers la source, seul. Tout le village sait où il va, mais personne ne l'accompagne. Il faut qu'il soit seul à faire le chemin, et seul à s'agenouiller[1] ici. Il vient boire l'eau de la source et aussitôt qu'il l'a bue, sa mémoire devient légère : ne restent en elle que les jolis moments et les belles heures, tout ce qu'il y a de doux et d'heureux. Les autres souvenirs, ceux qui coupent, ceux qui blessent, ceux qui entaillent[2] l'âme et la dévorent, tous ceux-là disparaissent, dilués dans l'eau comme une goutte d'encre dans l'océan. »

Monsieur Linh se tait. Le gros homme hoche la tête. On dirait qu'il fait rouler en lui tous les mots qu'il vient d'entendre.

« Voilà, reprend Monsieur Linh, vous savez maintenant où il nous faudra aller quand nous sentirons venir notre mort.

— Nous avons le temps encore ! répond son ami en riant.

— Oui, dit Monsieur Linh en riant lui aussi, vous avez raison, nous avons bien le temps… »

Il fait si beau. Le soir s'enlace[3] à toutes les odeurs de la terre.

Et, comme il commence à être tard, les deux amis reprennent le chemin de la grotte. Le gros homme tout en marchant fume une dernière cigarette dont le parfum de menthol se mêle à celui des fougères[4] et des écorces[5]. Parvenus à l'entrée de la grotte, les deux amis s'arrêtent. Le gros homme regarde encore le paysage.

---

1 s'agenouiller: sich hinknien
2 entailler qc: etw. anritzen
3 s'enlacer: *ici* se mélanger à qc
4 la fougère: Farn
5 l'écorce *f.*: Baumrinde

« Quelle belle journée nous avons passée ! »

Monsieur Linh sourit à son ami et le serre dans ses bras.

— Ne soyez pas en retard, à bientôt.

— Oui, à bientôt, et merci encore, vraiment, merci ! »

Le gros homme entre dans la grotte. Monsieur Linh le 5 suit des yeux. Il voit peu à peu disparaître son corps que l'obscurité mange, une main qui s'agite et lui dit au revoir, et puis plus rien.

Alors le vieil homme ferme les yeux.

Sujets d'étude

1. Résumez le rêve de Monsieur Linh.
2. Nos rêves sont toujours pleins de symboles. Trouvez trois symboles dans le rêve de Monsieur Linh et expliquez-les.
3. Un ami vous rend visite pour la première fois. Décrivez la promenade que vous faites ensemble pour lui montrer l'endroit où vous vivez.

115

XVIII

Lorsqu'il se réveille, Monsieur Linh a l'impression qu'il est enchaîné[1]. Mais non, il se trompe, rien ne le retient, ses poignets[2] sont libres, ainsi que ses chevilles[3]. Il est dans sa chambre. Où est *Sang diû* ? Il se dresse d'un bond[4]. Son
5 cœur tressaute[5], s'arrête, bat de nouveau. La petite est là, couchée sur le fauteuil. Il se lève, la prend dans ses bras, se recouche avec elle, la serre très fort.

La mémoire lui revient. Il se revoit aller vers le grand porche. Il revoit le visage de l'homme qui parlait fort. Il
10 revoit les femmes et l'homme en blanc. Il se souvient de la piqûre, de la chute[6] dans le sommeil.

Le vieil homme a très mal à la tête et il a soif. Une soif brûlante. Mais il n'y a pas que la soif qui le brûle. Il y a une question aussi : où est-il ? Quel est cet endroit dans
15 lequel il se trouve et dont on lui interdit de sortir ? Est-ce un hôpital ? Mais il n'est pas malade ! Est-ce une prison ? Il n'a pourtant commis[7] aucune faute. Et puis, combien de temps s'est-il passé depuis la piqûre ? Est-ce le même jour ? Le lendemain ? Le mois suivant ? Qui s'est occupé de *Sang*
20 *diû* ? L'a-t-on bien nourrie, baignée, caressée ?

La petite fille ne semble pas inquiète, ni agitée. Elle dort paisiblement. Monsieur Linh garde les yeux grands ouverts.

---

1 enchaîné/e: angekettet
2 le poignet: Handgelenk
3 la cheville: Fußknöchel
4 se dresser d'un bond: sich mit einem Ruck aufsetzen
5 tressauter: aufspringen
6 la chute: le fait de tomber
7 commettre qc: faire qc

Il pense à son ami le gros homme. Il y pense avec tristesse et espoir. Il revoit son sourire. Il se dit que ce n'est pas un porche qui l'empêchera de le retrouver, ni un homme qui aboie, ni des dizaines de femmes en blanc ou de piqûres. Il se dit cela, et soudain il se sent fort, invulnérable et tout à la fois léger, alors qu'un instant plus tôt son abattement[1] était sans bornes[2].

Au matin suivant, Monsieur Linh reprend sa place parmi les pensionnaires. Revêtu de sa robe de chambre bleue, il marche lentement dans les couloirs, se rend sagement au réfectoire, retrouve sa table, ne montre aucun signe de précipitation[3], d'agitation[4], de faim dévorante ni d'abattement. Il sent bien que les femmes en blanc lui prêtent une attention soutenue[5], le surveillent du coin de l'œil. Le vieil homme rase les murs[6], rend les sourires, baisse les yeux, se promène dans le parc sans jamais dépasser les frontières non écrites. Parfois, il s'assied sur un banc, berce sa petite fille, lui parle, murmure à son oreille des choses douces et regarde la mer, au loin, en contrebas, qui agite ses vagues et ses courants. Le soir, après le dîner, il est le premier à regagner[7] sa chambre, à se coucher, à éteindre la lumière après le dernier passage de la femme en blanc qui assure[8] le service de nuit.

Monsieur Linh se plie à[9] cette discipline durant plusieurs jours. Tout rentre dans l'ordre. On ne le remarque plus. Il

---

1 l'abattement *m.*: le fait d'être déprimé/e
2 sans bornes: infini/e
3 la précipitation: Hastigkeit
4 l'agitation *f.*: Aufregung
5 soutenu/e: intense
6 raser les murs: dicht an der Wand entlanggehen
7 regagner qc: revenir
8 assurer un service: rendre un service
9 se plier à qc: sich einer Sache fügen

n'est qu'un vieil homme, une ombre mince et fragile parmi des centaines d'ombres minces et fragiles habillées de molleton bleu qui vont et viennent sans bruit dans les allées du grand parc.

5 *Sang diû* ne paraît pas souffrir de la nouvelle situation. C'est une enfant généreuse. Le vieil homme se dit que sa petite fille fait tout pour ne pas le contrarier[1]. Elle n'a que quelques mois mais elle sait déjà tant de choses. Bientôt elle sera une fillette, puis une adolescente, puis une jeune fille.

10 Le temps passe vite. La vie passe vite, qui fait des jeunes boutons de lotus de larges fleurs épanouies sur le pourtour[2] des lacs.

Monsieur Linh veut voir son enfant s'épanouir. Il veut vivre pour voir cela, et qu'importe ce que vivre impose[3],
15 si c'est loin du pays qu'il faut vivre, si c'est ici, dans cette maison aux murs fermés qu'il faut vivre. Non, il ne veut pas que ce soit ici. Pas dans ce mouroir[4]. Il veut que *Sang diû* devienne le plus beau des lotus, et lui veut être là pour l'admirer, mais il veut l'admirer en plein jour, au plein air,
20 pas dans un asile[5], pas dans une prison comme celle-ci. Son ami pourra l'aider. Lui seul pourra vraiment l'aider. Il lui expliquera, avec des gestes. Il comprendra, c'est sûr. Il veut revoir le gros homme, son ami, qui lui manque tant. Il veut entendre sa voix, son rire. Il veut sentir l'odeur des
25 cigarettes qu'il fume sans cesse. Il veut regarder ses mains larges, blessées par les travaux. Il veut sentir sa présence, sa chaleur et sa force.

---

1 contrarier qn: énerver qn, fâcher qn
2 le pourtour: Außenrand
3 imposer qc à qn: jdm. etw. aufbürden
4 le mouroir: un lieu où on meurt en masse (→ mourir)
5 l'asile *m.*: un hôpital psychiatrique

Sujets d'étude

1. Monsieur Linh veut s'enfuir de l'asile.
   Exposez brièvement son plan. Quels rôles y jouent Sang diû et Monsieur Bark ?
2. Montrez que le personnage de Monsieur Linh a changé. Justifiez à l'aide du texte.

XIX

C'est le troisième jour du printemps. Il est tôt. Monsieur Linh
quitte le réfectoire le premier après y avoir pris son petit-
déjeuner. Les autres pensionnaires en sont encore à tremper
leur pain dans leur thé ou leur café quand lui marche d'un
5 bon pas sur les pelouses. Il sait qu'à cette heure matinale[1]
les femmes et les hommes en blanc sont tous dans une petite
salle, à côté du réfectoire. Eux aussi boivent un café ou un
thé, discutent, plaisantent. C'est l'heure où la surveillance[2]
est la plus relâchée[3].

10 Monsieur Linh ne se dirige pas vers le porche. Il s'enfonce
dans un bosquet qu'il aperçoit depuis la fenêtre de sa
chambre. Il sait que derrière ce bosquet le mur d'enceinte[4]
du parc est moins haut qu'ailleurs et que la branche d'un
arbre le touche de très près.

15 Il va vite, sa petite fille contre son flanc, qui parfois ouvre
les yeux comme pour lui demander ce qu'il est en train de
faire. Ça y est, il approche du mur. Il ne s'est pas trompé. Le
mur n'est pas très haut. Il lui arrive à hauteur de front car
toute sa partie supérieure est éboulée[5]. Comment faire ? La
20 branche qu'il voyait de la fenêtre n'est pas utilisable. Elle
part de trop haut. Par contre, au sol, Monsieur Linh trouve
un tronc mort hérissé de picots saillants[6]. Il installe *Sang diû*

---

1 matinal/e: tôt le matin
2 la surveillance: l'activité *f.* d'un/e surveillant/e
3 relâché/e: locker
4 le mur d'enceinte: Umfassungsmauer
5 éboulé/e: tombé/e, détruit/e
6 hérissé/e de picots saillants: *etwa* gespickt mit scharfen Ästen

120

par terre, amène le tronc et le pose contre le mur. Il va pouvoir
s'en servir comme d'une échelle[1]. Il fait un essai. Oui, tout est
bien, il parvient en haut du mur facilement. Mais comment
en redescendre de l'autre côté ? Avec l'enfant ?

Monsieur Linh pense alors aux femmes de son village, et à   5
la façon dont elles portent leur nouveau-né lorsqu'elles vont
travailler dans les rizières ou ramasser[2] du bois mort dans
la forêt. Il enlève sa robe de chambre, y place le nourrisson,
après avoir pris garde que la vieille photographie ainsi que
le petit sac contenant la terre de son pays ne tombent pas   10
de la poche dans laquelle il les a glissés. Puis il noue la robe
de chambre dans son dos, solidement[3]. La petite fille se
trouve ainsi plaquée[4] derrière son grand-père. Elle ne peut
pas tomber. Le vieil homme monte sur l'échelle de fortune.
Parvenu sur le faîte du mur, il hisse[5] le tronc d'arbre mort,   15
reprend son souffle, jette un œil dans le parc, constate que
rien ne bouge et que personne ne l'observe. Il fait basculer[6]
le tronc de l'autre côté. Il descend rapidement et pose le pied
sur le trottoir d'une rue déserte. Il est libre. Tout cela n'a pris
que quelques minutes. Il est libre et il est en pyjama, avec   20
dans son dos une enfant retenue par une robe de chambre
nouée. Il est heureux. Pour un peu, il crierait de joie. À petits
pas rapides, il s'éloigne du Château. Il lui semble avoir vingt
ans.

Monsieur Linh marche vite et descend vers la ville. Il   25
a de nouveau revêtu sa robe de chambre et pris sa petite
fille dans ses bras. Les rues des quartiers qu'il traverse sont
désertes. Parfois seulement, il croise un homme promenant

---

1 l'échelle *f.*: Leiter
2 ramasser: aufsammeln
3 solidement: fortement
4 plaqué/e: *etwa* festgebunden
5 hisser qn: faire monter qn
6 basculer: tomber

121

son chien, ou des employés municipaux[1] occupés à balayer les caniveaux[2]. Mais ceux-ci ne lèvent pas la tête et ne font pas attention à lui.

Lorsqu'il se sent suffisamment éloigné du Château, le
5 vieil homme s'arrête sur un banc, se repose un peu et surtout, il revêt *Sang diû* de la belle robe que lui a offerte le gros homme et qu'il avait pris soin d'emporter, pliée délicatement. Il regarde sa petite fille. Elle est magnifique. Monsieur Linh se sent fier d'être le grand-père d'une pareille enfant.

10 De la fenêtre de sa chambre, le vieil homme a eu le temps d'observer la ville, d'essayer de la comprendre, de retrouver le tracé[3] de ses artères[4], l'emplacement du quartier où se trouvait l'immeuble du dortoir, le café où il se rendait avec le gros homme, le banc de leurs rendez-vous. Aussi, tout
15 en marchant, est-il persuadé de se diriger dans la bonne direction, et de retrouver bien vite tous ces endroits qui lui étaient devenus familiers.

Monsieur Linh pense à la tête que va faire son ami lorsqu'il va le revoir, car, il n'en doute pas une seconde, ils
20 vont se retrouver. La ville est grande, certes, elle est immense même, mais elle n'empêchera pas ces retrouvailles qui font sourire le vieil homme lorsqu'il y songe.

Peu à peu, les charmantes maisons avec jardin disparaissent. Ce sont désormais de grandes avenues bordées
25 d'entrepôts aux couleurs ternes et métalliques. Des camions patientent devant les hangars[5]. Au côté des camions des hommes bavardent, attendent. Certains voient passer Monsieur Linh. Ils le sifflent. Il semble qu'ils lui parlent, de

---

1 l'employé/e municipal/e: *hier* Angestellter der Stadtreinigung
2 balayer les caniveaux: Rinnsteine fegen
3 le tracé: la ligne
4 l'artère *m.*: *ici* la rue
5 le hangar: une grande halle

leurs voix fortes, en riant. Le vieil homme les salue de la tête et presse le pas[1].

Ces avenues sont interminables. On n'en voit pas la fin. Et toujours ces alignements[2] de bâtisses aux fonctions improbables[3] vers lesquelles se dirigent des camions, desquelles sortent des camions dans une chorégraphie assourdissante qui s'orne de[4] vapeurs de gaz d'échappement[5] et de coups prolongés de klaxon. Monsieur Linh en a mal à la tête. Il a peur que sa petite fille ne s'en effraie alors il cache ses oreilles avec ses mains. Mais l'enfant, fidèle à son caractère docile, ne dit rien. Ses yeux s'ouvrent et se ferment. Elle est tranquille. Rien ne l'émeut.

Le vieil homme commence à avoir mal aux jambes et aux pieds. Pas facile de marcher en pantoufles. Et la robe de chambre est trop chaude maintenant car le soleil, de plus en plus haut dans le ciel, commence à taper fort. Pour la première fois, Monsieur Linh ressent une mince fêlure[6], un doute : et s'il n'était pas sur le bon chemin ? Et s'il s'était égaré ? Il s'arrête, regarde autour de lui. Cela ne le renseigne guère. Au loin, il n'aperçoit pas grand-chose sinon, qui émergent[7] des toits de grands bâtiments sans fenêtres, des têtes de grue, tournoyantes, et par-dessus ces aigrettes d'acier[8], des oiseaux blancs qui tournoient[9] en bandes serrées.

En voyant cela, le vieil homme se souvient du jour gris de son arrivée dans ce pays, dans cette ville. Il ressent un

---

1   presser le pas: se dépêcher
2   l'alignement *m.*: la ligne
3   la bâtisse aux fonctions improbables: un bâtiment dont on ne connaît pas la fonction
4   s'orner de qc: s'accompagner de qc
5   la gaz d'échappement: Abgas
6   la mince fêlure: *etwa* winzige Unsicherheit
7   émerger: apparaître
8   l'aigrette *f.* d'acier: Stahlspitzen
9   tournoyer: tourner sur soi

123

frisson[1], malgré la chaleur. Sur sa peau soudain, c'est comme si tombait de nouveau la fine pluie glacée de cette après-midi tout à la fois proche et lointaine. Ce sont les grues qui lui ont rappelé cela. Les grues du port. Il réfléchit, s'arrête.
5 Si le grand port est là-bas, c'est que le petit port de pêche se trouve plutôt par ici, et s'il se trouve par ici, alors le banc du rendez-vous ne peut être que dans cette direction.

Monsieur Linh oblique[2] sur la gauche. Il reprend courage. Il s'amuse même, en pensant à tous les hommes et femmes
10 en blanc qui le cherchent, là-bas, dans le Château, et qui doivent fouiller tous les recoins[3] de la demeure, tous les endroits cachés du parc. Quelles têtes ils doivent faire !

Soudain, comme il riait, il n'a pas vu le trou dans la chaussée, rempli d'eau graisseuse[4]. Son pied gauche s'y
15 enfonce. Il perd l'équilibre[5], manque de tomber, se rattrape de justesse[6] en sautillant. Son pied est nu. La pantoufle est restée dans le trou, accrochée à la grille déchiquetée[7] d'un regard d'égout[8]. Tout en maintenant la petite contre lui, il essaie de récupérer sa pantoufle. Elle est au fond du
20 trou, bien accrochée. Il tire. Elle cède. Il se retrouve avec dans la main une pantoufle déchirée, gorgée d'eau puante[9]. Inutilisable. Le vieil homme est catastrophé[10]. Il essaie tant bien que mal d'essorer[11] la pantoufle et la chausse[12] de nouveau : la moitié de son pied en dépasse. Il se remet en

---

1 le frisson: Frösteln
2 obliquer: changer de direction
3 le recoin: un coin caché
4 graisseux/-euse: fettig
5 l'équilibre *m*.: Gleichgewicht
6 se rattrapper de justesse: sich gerade noch fangen können
7 déchiqueté/e: mis/e en morceaux, déchiré/e
8 le regard d'égout: Kontrollschacht
9 gorgé/e d'eau puante: durchtränkt von stinkendem Abwasser
10 être catastrophé/e: niedergeschmettert sein
11 essorer qc: faire sortir l'eau de qc
12 chausser qc: mettre (aux pieds)

route. Sa démarche devient plus lente. Il traîne une jambe[1] comme s'il boitait[2]. Une odeur écœurante[3] le suit. Il n'a pas fait attention à la manche de son peignoir, ainsi qu'aux deux pans du vêtement qui ont trempé dans l'eau croupie[4] lorsqu'il a voulu récupérer sa pantoufle. Le soleil lui paraît 5 subitement moins complice[5], et la fatigue beaucoup plus pesante. *Sang diû* semble ne s'être aperçue de rien. Elle dort, heureuse, indifférente à tous ces menus incidents[6].

Monsieur Linh n'est plus seul sur le trottoir. Ce n'est pas encore la foule pressée de la rue du banc des rendez-vous, 10 mais il croise de plus en plus d'hommes et de femmes, des enfants qui se tiennent par la main, courent, se bousculent. Il remarque aussi qu'il a quitté la zone des entrepôts.

Autour de lui, désormais, il y a des immeubles pas très hauts avec le plus souvent, à leur rez-de-chaussée, un 15 magasin, un commerce : épicerie, laverie, poissonnerie. Des jeunes gens discutent entre eux, à l'angle des rues. Des voitures de police passent, toutes sirènes hurlantes. On le dévisage, mais sans animosité[7], plutôt avec étonnement. Le vieil homme sent que certains échangent quelques propos à 20 son égard[8] en le voyant passer. Il se dit qu'il ne doit pas avoir fière allure[9], avec sa robe tachée, sa pantoufle hors d'usage. Il baisse la tête, tente d'accélérer.

Il tourne dans ce quartier pendant plus de trois heures, croyant avancer, ne se rendant pas compte qu'il revient 25

---

1   traîner une jambe: ein Bein nachziehen
2   boiter: hinken
3   écœurant/e: dégoutant/e
4   croupi/e: moderig
5   complice: *ici* aimable, agréable
6   le menu incident: kleiner Zwischenfall
7   l'animosité *f.*: l'antipathie *f.*, l'agressivité *f.*
8   à l'égard de qn/qc: en ce qui concerne qn/qc
9   avoir fière allure: *hier* vertrauenserweckend aussehen

sans cesse au même rond-point[1] qu'il a déjà dépassé à quatre reprises. Les bruits, les musiques qui sortent des appartements aux fenêtres ouvertes ou des gigantesques postes de radio que certains adolescents tiennent sur
5 leurs épaules, les fumées des voitures, le grondement[2] des moteurs, les odeurs de cuisine, de fruits pourris[3] jetés sur les trottoirs, tout cela le sonne[4] et le rend plus lourd.

Il marche désormais lentement. À force de boiter et de traîner la jambe, une douleur lui vrille[5] la hanche[6]. Dans ses
10 bras, l'enfant pèse des tonnes. Monsieur Linh a soif. Il a faim aussi. Il s'arrête un instant, s'appuie contre un réverbère[7], sort de sa poche un petit sac en plastique dans lequel il a mis un peu de brioche trempée de lait et d'eau. Il tente de nourrir *Sang diû*, sans tacher sa belle robe. Lui-même avale
15 deux bouchées[8].

Mais soudain une femme sort de la boutique de fleurs près de laquelle il s'est arrêté. Elle vient droit sur lui. Ce doit être la patronne. Elle tient un balai[9] à la main, qu'elle agite au-dessus de sa tête. Elle crie. Elle désigne Monsieur Linh
20 avec son balai. Elle prend les gens à témoin[10], montre son pied nu dans la pantoufle déchirée, les taches puantes sur ses manches. Elle fait signe au vieil homme de déguerpir[11], de ficher[12] le camp. Elle lui indique le bout de la rue, le

---

1 le rond-point: Kreisverkehr
2 le grondement: un bruit sourd
3 pourri/e: faul
4 sonner qn: jdn. benommen machen
5 vriller: hineinbohren
6 la hanche: Hüfte
7 le réverbère: Straßenlaterne
8 la bouchée: Bissen
9 le balai: Besen
10 prendre qn à témoin: jdn. zum Zeugen nehmen
11 déguerpir: quitter rapidement un lieu
12 fiche le camp *fam.*: déguerpir

lointain. Un attroupement[1] s'est formé. Monsieur Linh est pétrifié[2] de honte. La femme ne s'arrête pas, encouragée qu'elle est par les rires des badauds[3]. Elle parade[4]. Elle ressemble à une sorte de grosse pintade[5] en colère, grattant[6] de rage[7] le fumier[8] de la basse-cour[9]. Le vieil homme range 5 précipitamment le sachet en plastique dans sa poche et s'enfuit. Les gens rient en le voyant partir, traînant la patte à la façon d'un animal blessé. La grosse femme lance encore des mots qui volent vers lui comme des cailloux. Quant aux rires, ce sont des couteaux, des couteaux affûtés[10] qui 10 trouvent son cœur et l'écorchent[11].

Monsieur Linh ne voit plus le soleil, ne sent plus la première chaleur du printemps, pourtant si délicate. Il avance comme un automate, consacrant[12] ses maigres forces à serrer l'enfant dans ses bras et à mettre un pied devant 15 l'autre. Il ne fait plus attention ni aux rues ni aux maisons.

Hagard[13], il devient un errant[14].

---

1 l'attroupement *m.*: Menschenauflauf
2 être pétrifié/e: versteinert sein
3 le badaud: qn qui se promène, qui passe
4 parader: stolzieren
5 la pintade: Perlhuhn
6 gratter: scharren
7 la rage: Wut
8 le fumier: Misthaufen
9 la basse-cour: Hühnerhof
10 affûté/e: geschliffen
11 écorcher qn: blesser qn avec un couteau
12 consacrer qc à qc : etw. auf etw. verwenden
13 hagard/e: verstört
14 l'errant/e: qn qui erre, qui se perd

Sujets d'étude

1. Faites un schéma du plan de la fuite de Monsieur Linh.

2. « Mais soudain une femme sort de la boutique… ce sont des couteaux affûtés qui trouvent son cœur et l'écorchent. » (p. 125, l. 16 – p. 126, l. 11). Vous êtes la fleuriste. Racontez la scène le soir à une amie.

3. Commentez l'image de la ville qui est transportée dans ce chapitre.

XX

Les heures passent, l'après-midi est déjà bien avancée.
Depuis le matin il marche. Depuis le matin il se raccroche
à l'espoir de retrouver la rue, le banc, son ami sur le banc.
Ses pensées deviennent confuses. Il se dit qu'il a sans doute
eu tort de partir ainsi. Il se dit que la ville est trop grande, 5
qu'elle est un monstre qui va le dévorer, ou le perdre. Il se
dit qu'il ne retrouvera jamais rien, ni son pays, ni son ami
ni même le Château d'où il est parti. Il s'en veut. Non pas
parce qu'il est misérable, épuisé, vaincu. Non, il ne pense
pas à lui. Il s'en veut pour sa petite fille. Il lui impose cette 10
fatigue, ce ballottement[1] de la marche, la poussière des rues,
le vacarme[2], les moqueries des passants. Quel grand-père
est-il ? La honte vient en lui comme un poison.

Il s'est adossé à un mur. Lentement, sans même s'en
apercevoir, il glisse vers le sol. C'est comme une chute qui 15
durerait une seconde ou bien une vie, une chute lente vers
le macadam du trottoir. Ça y est, il est à terre, son enfant
posée sur ses genoux. La tête de Monsieur Linh est grosse
de trop de fatigues, de souffrances, de désillusions. Elle est
lourde de trop de défaites[3] et de trop de départs. Qu'est- 20
ce donc que la vie humaine sinon un collier[4] de blessures
que l'on passe autour de son cou ? À quoi sert d'aller ainsi
dans les jours, les mois, les années, toujours plus faible,

---

1 le ballottement: Herumwirbeln
2 le vacarme: le bruit
3 la défaite: Niederlage
4 le collier: Halskette

toujours meurtri[1] ? Pourquoi faut-il que les lendemains soient toujours plus amers que les jours passés qui le sont déjà trop ?

Les pensées s'entrechoquent[2] dans son crâne[3]. Il ne remarque qu'au dernier moment les pieds d'un homme, tout contre lui. Il lève les yeux. L'homme est grand. Il lui parle, désigne le pied nu de Monsieur Linh, montre la petite fille. Son visage n'est pas mauvais. Il parle encore. Le vieil homme ne comprend rien bien sûr. L'homme se baisse, cherche quelque chose dans la poche de son veston et le dépose dans la main droite de Monsieur Linh, puis d'un geste délicat il referme cette main, se relève, fait un signe de la tête et s'éloigne.

Le vieil homme ouvre la main, regarde ce que le passant vient d'y déposer. Ce sont trois pièces, trois pièces de monnaie qui brillent sous le soleil. L'homme lui a fait l'aumône[4]. L'homme l'a pris pour un mendiant. Monsieur Linh sent des larmes couler sur ses joues sèches.

Après, longtemps après, il est de nouveau debout, de nouveau marchant. Il ne pense plus à rien, sinon à serrer contre lui le plus fort possible sa petite fille, qui est là, immuablement[5] sage, belle dans sa robe de soie rose. Monsieur Linh avance. C'est un automate qui titube, marche lentement, bouscule et se fait bousculer par la foule de plus en plus violente et compacte qui l'enserre[6] et l'étouffe. Il ne voit plus rien, n'entend plus rien. Il regarde le sol. C'est comme si ses yeux étaient de plomb[7] et l'entraînaient vers

---

1 meurtri/e: blessé/e
2 s'entrechoquer: zusammenstoßen
3 le crâne: Schädel
4 faire l'aumône *m.* à qn: donner qc aux pauvres
5 immuablement: toujours
6 enserrer qn/qc: jdn./etw. einschnüren
7 le plomb: Blei

la contemplation[1] de cette terre qui n'est pas la sienne, qui ne sera jamais la sienne, et sur laquelle il est contraint[2] d'avancer, comme un bagnard[3] est contraint à sa peine[4]. Pendant des heures.

Tout se mélange. Les lieux, les jours, les visages. Le vieil homme revoit son village, les rizières et leur damier[5] mat ou étincelant, selon les heures, le paddy lié en bottes[6], les mangues mûres, les yeux de son ami le gros homme, ses doigts solides et jaunis par le tabac, les traits de son fils, le cratère laissé par la bombe, les corps éventrés, le village en feu. Il avance. Il se cogne contre[7] les années et contre les gens qui courent on ne sait où, qui courent toujours, comme si le propre de l'homme était de courir, courir vers un grand précipice[8] sans jamais s'arrêter.

Soudain, une douleur vive à l'épaule le tire du tourbillon dans lequel il s'était mis à glisser sans remède[9]. Un jeune homme portant un carton dans ses bras vient de le percuter[10]. Il est confus. Il parle à Monsieur Linh, lui demande si ça va. Le vieil homme n'a pas lâché l'enfant. Il la redresse[11] dans ses bras. Elle ouvre les yeux. Elle va bien. Le jeune homme attend un moment une réponse qui ne vient pas, puis s'en va.

1	la contemplation: Betrachtung
2	être contraint/e de faire qc: être obligé/e de faire qc
3	le/la bagnard/e: le/la prisonnier/-ière
4	la peine: Strafe
5	le damier: *hier* Schachbrettmuster
6	en bottes: in Bündeln
7	se cogner contre qc: s'entrechoquer
8	le précipice: Abgrund
9	sans remède: sans possibilité de sortir
10	percuter qn: mit jdm. zusammenprallen
11	redresser qn/qc: jdn./etw. aufrichten

131

Monsieur Linh reprend pied[1], regarde autour de lui. Il y a des quantités de gens, des hommes, des femmes, des enfants, des familles entières, joyeuses et qui s'engouffrent[2] entre deux grilles largement ouvertes. Au-delà de ces grilles,
5 on aperçoit de grands arbres, des massifs[3], des allées, et des cages. Des cages.

Le vieil homme sent son cœur s'emballer[4]. Des cages. Avec des animaux. Il les voit. Des lions. Des singes. Des ours. Monsieur Linh a soudain l'impression d'être à l'intérieur
10 d'une image qu'il a souvent contemplée à bout de bras[5]. Le Parc ! Il est devant l'entrée du Parc ! Le Parc où il y a le manège de chevaux de bois ! Mais alors, s'il est là, c'est qu'en face, en face… Mais oui, là-bas, de l'autre côté de la rue où passent des centaines de voitures, il y a le banc ! Et
15 sur le banc, comme une apparition[6], comme une apparition massive, pesante, bien réelle, il y a le gros homme, son ami ! Son ami qui l'attend !

Monsieur Linh oublie tout. Son immense lassitude, son pied nu, sa robe de chambre maculée[7] d'eau putride[8], le
20 grand désespoir qui l'anéantissait[9] il y a encore quelques secondes à peine. Le soleil n'a jamais été aussi beau. Le ciel n'a jamais été aussi pur à l'approche du soir. Le vieil homme n'a jamais éprouvé[10] depuis bien longtemps une joie aussi intense.

---

1 reprendre pied: wieder Fuß fassen
2 s'engouffrer: se précipiter
3 le massif: Blumenbeet
4 s'emballer: *ici* battre très fort
5 à bout de bras: *ici* de loin
6 l'apparition *f.*: Erscheinung
7 maculé/e: qui a des taches
8 putride: presque pourri/e
9 anéantir qn/qc: détruire qn/qc complètement
10 éprouver qc: sentir qc

Il s'avance vers la rue, frémissant, et il crie. Il crie le seul mot qu'il connaisse de la langue du pays. Il le crie fort, pour qu'il passe au-delà des voitures, de leur vacarme. « Bonjour ! Bonjour ! » lance Monsieur Linh à l'adresse de son ami assis sur le banc, à moins de cent mètres de distance. « Bonjour ! » hurle-t-il, comme si sa vie elle-même ne tenait plus qu'à ce simple mot.

133

XXI

Monsieur Bark écrase sa cigarette mentholée sous son talon.
Il se sent las, et inutile. Voilà des jours et des jours qu'il vient
sur le banc. Il y passe des après-midi entières, seul, la semaine,
et même le dimanche désormais. Monsieur Tao-laï n'est
5   jamais revenu. Monsieur Bark pense au vieil homme sans
cesse. Il l'aimait tant. Il aimait son sourire, ses attentions, son
silence respectueux, la chanson qu'il fredonnait, ses gestes
aussi. Le vieil homme était son ami. Ils se comprenaient tous
les deux, pas besoin de longs discours.
10   Monsieur Bark a tenté de savoir ce qui avait bien pu
lui arriver. Après quelques jours, quand il s'est résigné au[1]
fait que Monsieur Tao-Laï ne viendrait sans doute plus à
leur rendez-vous, il est allé à l'immeuble où il l'avait tant
de fois raccompagné. Le concierge lui a dit qu'en effet, au
15   premier étage, il y avait un dortoir pour les réfugiés, mais
que désormais il était fermé. Les locaux avaient été vendus.
À la place, il y aurait bientôt un cabinet d'assurances[2], ou
une agence de publicité, il ne savait pas trop.
   Monsieur Bark lui a décrit son ami.
20   « Oui, a dit le concierge, je vois bien qui vous voulez dire,
il n'était pas méchant, un peu solitaire[3] c'est tout, mais pas
méchant. J'ai essayé parfois de parler un peu avec lui, il ne
comprenait pas un traître mot[4]. Les autres s'en moquaient

---

1   se résigner à qc: sich mit etw. abfinden
2   le cabinet d'assurances: Versicherungsbüro
3   solitaire: qui est seul/e
4   pas un traître mot: pas un seul mot

souvent d'ailleurs, mais il n'est plus là. Des femmes sont
venues le chercher. »

Au bureau des réfugiés où il a fini par se rendre ensuite,
on lui a répondu après avoir consulté[1] de longues listes
qu'on ne connaissait personne du nom de Tao-laï. Il en est
reparti désemparé[2].

Il se fait tard. Monsieur Bark va bientôt rentrer. Il n'aime
pas rentrer dans son appartement. Il n'aime plus grand-
chose à vrai dire[3], sinon fumer car cela lui rappelle son ami
perdu. Alors il saisit son paquet de cigarettes, tape sur le
fond, en saisit une, la glisse entre ses lèvres, l'allume, ferme
les yeux, aspire la première bouffée.

Et soudain, tandis que la fumée parfumée de menthe
entre dans son corps, tandis que les yeux clos, il se tient
dans l'obscurité de ses paupières baissées, il entend une voix
lointaine, très lointaine, comme venant de l'autre monde, et
la voix crie « Bonjour ! Bonjour ! » Monsieur Bark frissonne[4].
Ouvre les yeux. C'est la voix de son ami ! Il l'a reconnue !

« Bonjour ! Bonjour ! » continue la voix. Monsieur Bark
est debout. Il s'agite comme un fou, se tourne en tous sens,
tente de trouver d'où vient la voix qui se fait plus forte, plus
proche, malgré les klaxons innombrables qui rugissent[5] et
voudraient l'étouffer. Monsieur Bark a le cœur qui cogne.
Ça y est ! Là, tout près, à trente mètres, à vingt mètres peut-
être, il y a Monsieur Tao-laï, curieusement vêtu d'une robe
de chambre bleue, qui s'avance en le regardant, une main
tendue, un sourire illuminant son vieux visage parcheminé[6],
« Bonjour ! Bonjour ! » Le vieil homme marche vers lui.

---

1 consulter qc: chercher des informations dans qc
2 désemparé/e: qui ne sait pas quoi faire
3 à vrai dire: eigentlich
4 frissonner: trembler légèrement
5 rugir: crier
6 parcheminé/e: pergamentartig

Monsieur Bark court jusqu'au bord du trottoir. Il est si heureux. Il crie : « Restez là, Monsieur Tao-laï ! Ne bougez plus ! Attention aux voitures ! » car dans sa joie et dans sa fatigue, le vieil homme a oublié la rue, la circulation, les
5 motos, les camions, les autobus qui le frôlent[1], freinent, l'évitent au dernier moment. Il avance, radieux[2], comme on avancerait sur un nuage ou sur la surface d'un étang[3].

Monsieur Linh voit son ami le gros homme qui s'approche de lui. Il le distingue désormais nettement[4]. Il entend sa voix
10 qui lui dit bonjour. Le vieil homme s'adresse à *Sang diû* : « Je te l'avais bien dit que nous le retrouverions ! Il est là ! Quelle joie ! »

Monsieur Bark a beau crier, son ami ne semble pas l'entendre. Il avance toujours. Il sourit. Les deux hommes
15 ne sont plus qu'à dix mètres l'un de l'autre. Ils peuvent contempler au plus près leur visage, leurs yeux, et dans leurs yeux à chacun le bonheur de se revoir.

Mais soudain, comme dans un ralenti[5] qui n'en finirait pas, Monsieur Linh voit les traits de son ami le gros homme
20 changer, se figer, sa bouche s'ouvrir. Il le voit hurler mais il n'entend pas son hurlement car un bruit énorme couvre alors tous les autres bruits. Le vieil homme entend le fracas se rapprocher de lui. Il se tourne, aperçoit la voiture qui fonce sur lui, qui dérape[6] en freinant, la face crispée[7] de son
25 conducteur, ses mains serrées sur son volant[8], il lit la peur

---

1 frôler qn/qc: passer très près de qn/qc
2 radieux/-euse: plein/e de joie
3 l'étang *m*.: Teich
4 nettement: d'une façon très claire
5 le ralenti: Zeitlupe
6 déraper: ins Schleudern geraten
7 la face crispée: le visage nerveux
8 le volant: Lenkrad

dans ses yeux ainsi qu'un sentiment de grande impuissance[1].
Le vieil homme protège du mieux qu'il peut sa petite fille, il
l'entoure de ses bras, il la recouvre de son corps comme le
ferait une armure[2], cela dure, dure.

Cela n'en finit pas : le hurlement muet de son ami le gros
homme qu'il regarde de nouveau et à qui il sourit, la chute
horizontale de la voiture lancée vers lui à pleine vitesse, les
traits du conducteur tordus d'épouvante[3]. Le temps s'étire.
Monsieur Linh n'a pas peur, il n'est plus fatigué, il a revu
son ami, il fait bon, il songe seulement à protéger du mieux
qu'il peut son enfant, il lui murmure les premiers mots de
la chanson, la voiture est toute proche, la petite fille ouvre
les yeux, le regarde, le vieil homme l'embrasse sur le front
et reviennent alors dans son esprit tous les visages aimés,
et dans sa mémoire le parfum de la terre de son pays, et le
parfum de l'eau, le parfum de la forêt, le parfum du ciel et
celui du feu, le parfum des bêtes, des fleurs et des peaux,
tous les parfums réunis, enfin, au moment où la voiture le
heurte, qu'il est projeté à plusieurs mètres, qu'il ne sent
aucune douleur, qu'il se recroqueville[4] autour du petit corps
de *Sang diû*, que sa tête frappe le sol, sèchement. Et que ce
soit la nuit, soudain.

Sujets d'étude

1. Résumez ce que Monsieur Bark a fait pour
   retrouver son ami.
2. Comment s'est produit l'accident ? Racontez.
3. Indiquez les passages où l'auteur joue avec
   les points de vue narratifs et expliquez leur
   effet respectif.

---

1 l'impuissance *f.*: Machtlosigkeit
2 l'armure *f.*: Rüstung
3 tordu/e d'épouvante: vor Entsetzen verzerrt
4 se recroqueviller: sich krümmen

XXII

Monsieur Bark sent un froid brutal entrer dans tout son
être. Il reste figé quelques secondes, revoyant l'accident,
le sourire de Monsieur Tao-laï, la voiture fonçant sur lui, le
percutant avec violence malgré le coup de freins, le choc, le
5 vieil homme projeté[1] en l'air et retombant lourdement sur le
sol dans un bruit de bois que l'on brise.

Monsieur Bark tremble. Déjà des badauds entourent le
corps. Le conducteur de la voiture reste dans son véhicule[2],
prostré. Monsieur Bark se précipite, il écarte[3] les curieux,
10 fend[4] l'attroupement, ses gestes se font rageurs. Il arrive
enfin près de son ami. Le vieil homme est couché sur le flanc,
recroquevillé. La robe de chambre bleue étendue de part et
d'autre de son corps dessine la corolle[5] d'une immense fleur.
À ses côtés, un petit sac de toile déchiré laisse glisser au sol
15 une terre noire et poudreuse. Il y a aussi, échappée sans
doute d'une poche, une photographie que Monsieur Bark
reconnaît.

Il tombe à genoux. Ramasse la photographie. Il a envie
de prendre son ami dans ses bras, de lui parler, de lui dire de
20 tenir[6], que les secours[7] vont arriver, qu'ils vont l'emmener,
le soigner, le guérir, que bientôt tous les deux ils pourront

---

1   projeté/e: lancé/e
2   le véhicule: le moyen de transport
3   écarter qn: jdn. beiseite schieben
4   fendre qc: *ici* traverser qc
5   la corolle: la partie haute d'une fleur
6   tenir: *hier* durchhalten
7   les secours: l'ambulance *f.*

reprendre leurs promenades, aller au restaurant, au bord
de la mer, à la campagne, qu'ils ne se quitteront plus, plus
jamais, il le jure.

Les yeux de Monsieur Tao-laï sont fermés. Un peu de sang
coule de sa tête, par une plaie[1] invisible située à l'arrière du   5
crâne. Le sang suit la déclivité[2] de la rue, comme un ruisseau
hésitant qui se sépare ensuite en cinq filets distincts[3] : on
dirait l'ébauche[4] d'une main et de ses cinq doigts. Monsieur
Bark regarde cette main fluide qui désigne la vie de son ami,
sa vie qui s'en va. Curieusement, à regarder cette peinture   10
que le sang de Monsieur Tao-laï trace sur l'asphalte, il se
souvient confusément d'un rêve qu'il a fait quelques nuits
plus tôt, un rêve dans lequel il était question de forêt, de
source, de soir qui tombe, d'eau fraîche et d'oubli.

Monsieur Bark pose la main sur l'épaule du vieil homme   15
comme il l'a fait si souvent. Il reste ainsi un long moment. Un
très long moment. Personne n'ose le déranger. Puis lentement
il finit par se relever. Les gens le regardent, interrogateurs.
Ils se reculent[5] et c'est justement quand l'un d'eux se retire,
comme on se retire devant plus beau et plus lumineux que   20
soi, que Monsieur Bark aperçoit, aux pieds de cet homme,
Sans dieu, la jolie poupée dont son ami Monsieur Tao-laï
ne se séparait jamais, ayant pour elle des attentions de tous
les instants, comme s'il s'était agi d'une véritable enfant. Le
cœur de Monsieur Bark bondit dans sa poitrine en voyant la   25
poupée aux beaux cheveux noirs. Elle est vêtue de la robe
qu'il avait offerte à son ami pour elle. Ses yeux sont grands

---

1 la plaie: Wunde
2 la déclivité: Neigung
3 distinct/e: différent/e
4 l'ébauche *m.*: le dessin
5 se reculer: aller en arrière

ouverts. Elle n'a rien. Aucune éraflure[1]. On dirait qu'elle
semble juste un peu étonnée, et qu'elle attend.

Le gros homme se penche, la prend délicatement. « *Sans
Dieu* », murmure-t-il à son oreille en souriant malgré les
larmes qui commencent à brouiller son regard. Puis il revient
vers son ami, s'agenouille de nouveau près de lui et pose
la poupée sur sa poitrine. Le sang ne coule plus. Monsieur
Bark ferme les yeux. Il se sent soudain très las, las comme
jamais il n'a été. Il garde ses yeux fermés. Il n'a plus envie
de les ouvrir. C'est très doux la nuit, la nuit du regard. On y
est bien. Il faudrait que cela dure. Que cela ne s'arrête pas.

« *Sang diû… Sang diû…* »

Monsieur Bark a toujours ses yeux clos.

« *Sang diû… Sang diû…* »

Il entend bien la voix, mais il se dit que c'est un rêve.
Et il ne veut pas quitter ce rêve.

« *Sang diû… Sang diû…* »

La voix ne s'arrête pas. Au contraire, elle devient plus
forte. Et plus heureuse aussi. Monsieur Bark ouvre les yeux.
Tout à côté de lui, le vieil homme le regarde et sourit. Il serre
dans ses bras *Sans dieu*, caressant d'une main ses cheveux
tandis que son autre main, fébrile[2], se tend vers son ami. Il
essaie de relever sa tête.

« Ne bougez pas, Monsieur Tao-laï ! Ne bougez surtout
pas, hurle Monsieur Bark, qui part d'un[3] grand rire, un rire
immense comme lui et qu'il ne parvient pas à arrêter. Les
secours vont arriver, restez calme ! »

Le vieil homme a compris. Il repose doucement sa tête
sur le bitume[4]. Le gros homme prend sa main. C'est une
bonne chaleur qui vient en lui, par cette main. Monsieur

---

1 l'éraflure *f.*: Schramme
2 fébrile: qui a de la fièvre
3 partir de qc: *ici* de mettre à faire qc
4 le bitume: Asphalt

140

Bark a envie d'embrasser tous ces gens attroupés, tous ces inconnus qu'il aurait assommés[1] quelques instants plus tôt. Son ami est vivant. Vivant ! Ainsi, songe-t-il, ce peut être aussi cela l'existence ! Des miracles parfois, de l'or et des rires, et de nouveau l'espoir quand on croit que tout autour de soi n'est que saccage[2] et silence !

Le soir tombe. Le ciel est d'une couleur de lait, un lait sombre et caressant. *Sang diû* pèse d'un poids léger sur la poitrine de Monsieur Linh. Il a l'impression qu'elle lui donne ses jeunes forces. Il se sent renaître. Ce n'est pas une malheureuse voiture qui aura raison de[3] lui. Il a traversé des famines[4], des guerres. Il a traversé des mers. Il est invincible[5]. Il pose ses lèvres sur le front de la petite. Il a retrouvé son ami. Il sourit au gros homme. Il lui dit bonjour plusieurs fois. Monsieur Bark lui répond « bonjour, bonjour », et ces mots répétés deviennent comme une chanson, une chanson à deux voix.

Les secours arrivent, s'affairent autour[6] du blessé qu'ils placent sur un brancard[7] avec d'infinies précautions. Le vieil homme ne semble pas souffrir. Les brancardiers[8] l'emmènent vers l'ambulance. Monsieur Bark lui tient la main tout en lui parlant. C'est le début d'un très beau printemps. Le tout début. Le vieil homme regarde son ami, lui sourit. Il serre la jolie poupée dans ses bras maigres, il la serre comme si sa vie en dépendait, il la serre comme il serrerait une vraie

---

1 assommer qn: frapper qn violemment
2 le saccage: Verwüstung
3 avoir raison de qn/qc: être plus fort que qn/qc
4 la famine: Hungersnot
5 invincible: qu'on ne peut pas vaincre
6 s'affairer autour de qn: s'occuper de qn
7 le brancard: Krankentrage
8 le brancardier: la personne qui porte le brancard

petite fille, silencieuse, tranquille et éternelle[1], une petite fille de l'aube et de l'orient.

Son unique petite fille.

La petite fille de Monsieur Linh.

Sujets d'étude

1. Indiquez en quoi consiste l' effet de surprise pourle lecteur.
2. Analysez comment le narrateur génère cet effet de surprise. Quelles techniques narratives utilise-t-il ?
3. Commentez la fin du roman. Est-elle positive ou négative ?
4. Vous êtes chargés d'adapter au cinéma le roman « La petite fille de Monsieur Linh ». Travaillez en groupe. Présentez votre projet et les éventuelles difficultés rencontrées (choix des acteurs et des lieux de tournage, rédaction du scénario, choix des prises de vue par exemple).

---

1 éternel/le: sans fin

142

Annexe

Réfugiés

Sujets d'étude

1. Décrivez l'image. Utilisez par exemple les mots et expressions suivants :

Au premier plan	il y a _____.
À l'arrière plan	on voit _____.
Au centre / À droite / À gauche	on découvre _____.

L'homme qui se trouve au milieu est entouré de _____.

Cette photo Ce détail	montre / représente / symbolise / évoque / nous indique / trahit / fait allusion à _____.

2. Expliquez la situation des réfugiés. D'où viennent-ils et où vont-ils ? Pourquoi ont-ils décidé d'émigrer ? Quels sentiments les habitent ? À quoi pensent-ils pendant leur voyage ? Quels risques encourent-ils ? Quelles chances représente pour eux l'émigration ?

3. Voyez-vous des parallèles avec la situation de Monsieur Linh décrite dans le roman ? Justifiez votre opinion.

TRAN DUNG-NGHI

ON ÉTAIT LES PREMIERS BOAT-PEOPLE

Ce jour là

Ce jour là, le matin du 30 avril 1975 où j'ai quitté le Vietnam avec ma famille, je m'en rap-
5 pelle comme si c'était hier. Les Américains sont déjà par-tis. Depuis plusieurs jours, toute ma famille se désespère. Les communistes approchent.
10 Mes parents partent tôt le matin et rentrent très tard, ils cherchent un moyen de par-tir, mais ils ne trouvent pas. Moi, je me dis que peut-être
15 on va rester. J'ai un peu plus de 12 ans. J'accompagne ma grand-mère, la mère de ma mère, faire des courses au marché, comme je le fais très
20 souvent. On se tient toutes les deux devant un étalage[1] de fruits et légumes quand tout à coup, mes parents arrivent en courant : ils ont trouvé un
25 bateau pour partir, il faut aller tout de suite. Ils sont venus me chercher. Mes sœurs et mon frère attendent déjà dans la voiture, chacun avec le
30 petit sac qu'on a préparé depuis longtemps pour le voyage. Je ne sais plus si ma grand-mère a pleuré, ou moi. On n'a pas le temps
35 de se dire au revoir. Elle me donne les bananes qu'elle vient d'acheter et c'est la der-nière image que j'ai d'elle, en train de me tendre les
40 bananes dans le marché. On passe deux nuits et trois jours sur le bateau. On n'a plus de nourriture ni de quoi boire quand heureusement, on
45 croise la route d'un cargo[2] norvégien qui veut bien nous prendre à bord. Ça prend toute une journée, du matin jusqu'au soir très tard, de faire
50 monter tous ces gens. Je re-garde le soleil se coucher sur le pont du vieux bateau viet-namien, avec tous les débris[3] de ces trois jours de naviga-
55 tion. C'est une impression de désolation[4]. Je me sens très

---

1 l'étalage *m*.: Auslage
2 le cargo: Frachtschiff
3 les débris *m. pl*.: Trümmer
4 la désolation: le désespoir

très triste, je comprends que je ne reverrai pas le Vietnam.

« Face sérieuse »

[…] J'ai des souvenirs très heureux de l'enfance. Il y a beaucoup d'images qui restent dans ma mémoire, l'odeur forte des fruits, les fleurs éclatantes, la lumière. […] On était tout le temps dans la rue. J'adorais traîner dehors, me balader dans le quartier et aussi embêter les garçons. On est cinq sœurs et un frère et je suis la deuxième. La plus remuante, la plus débrouillarde, aussi. Mon prénom, Dung-Nghi, veut dire « face sérieuse », et en un sens, ça ne me va pas du tout. Mais je l'aime bien, parce qu'il est rare […] Je n'ai presque aucun souvenir de la guerre, à part, vers la fin, le bruit des hélicoptères toute la journée au-dessus de la ville. Je me rappelle aussi les bombardements lors de la grande offensive sur Hué, en 1968. On s'est cachés sous les lits.

Pour nous, les enfants, c'était presque un jeu ! En 1975, c'était différent, je comprenais qu'il se passait quelque chose de grave. D'abord, on avait vu arriver de plus en plus de réfugiés à Saïgon et je me rendais bien compte de la panique qui montait. Je sentais l'angoisse de mes parents à l'idée qu'on ne puisse pas s'échapper, j'avais très peur d'être séparée de mes proches.

Les premiers boat-people

J'ai eu beaucoup de chance dans ma vie, c'est aussi pour ça que je ressens le besoin d'être utile. Contrairement aux gens qui sont partis au pire moment, en 79 ou 80, on a échappé aux naufrages[1] et surtout aux pirates, qui tuaient, violaient les femmes, pillaient[2] les biens. On était les premiers boat-people, alors on nous a choyés[3] ! Le bateau norvégien qui nous avait recueillis allait à Hong Kong. […] On a passé là quelques

---

1   le naufrage: la perte d'un bateau avec ses passagers
2   piller qc: voler qc
3   choyer qn: s'occuper de qn avec beaucoup d'affection f.

semaines. On ne connaissait pas l'avenir, mais on se sentait en sécurité. À l'époque, mes parents regardaient plutôt, comme beaucoup de Vietnamiens, vers les États-Unis. C'était une question pratique : ils avaient travaillé avec les Américains pendant la guerre, ils parlaient bien la langue. Et l'Amérique, c'était la terre d'opportunités[1]. Mais comme l'une de mes sœurs avait de l'asthme et qu'il fallait partir rapidement, on a pris la première proposition qu'on nous a faite, et c'était en France. On a débarqué à Roissy le 14 juillet 1975. En voyant les drapeaux[2] partout, j'ai cru que c'était pour nous souhaiter la bienvenue ! On a vécu d'abord dans un centre d'accueil improvisé, à l'École centrale à Antony, dans la banlieue de Paris. Puis on est restés quelques mois dans un foyer de demandeurs d'asile[3] à Lagny, dans la Seine et Marne. Mon père a trouvé un travail dans une usine qui fabriquait des extincteurs[4], dans le 77 aussi. Et on eu un cinq-pièces à Champs-sur-Marne, une des villes nouvelles de l'Île-de-France. On était contents, tout nous semblait luxueux, parce que tout était neuf !

Française de raison

Quand on est enfant, on s'adapte facilement, et même si les choses me paraissaient curieuses, je ne souffrais pas trop du dépaysement. Au collège, au début, j'étais réservée, un peu sur la défensive. Tout le monde était gentil avec nous, même s'il y a eu quelques élèves pour se moquer des « Chinetoques »[5]. Au Vietnam, j'avais été à l'école des bonnes sœurs françaises jusqu'en 6e, mais les premières dictées qu'on m'a rendues étaient toujours toutes barbouillées[1] de rouge, et

---

1   l'opportunité *f.*: la possibilité
2   le drapeau: Fahne
3   le foyer de demandeurs d'asile: Asylantenheim
4   l'extincteur *m.*: l'appareil *m.* qui sert à éteindre un incendie
5   le/la Chinetoque: *pej.* le/la chinois/e

j'avais très honte. J'ai décidé de tout faire pour m'améliorer et maintenant, je suis imbattable en orthographe ! Mais j'ai gardé cette impression de ne pas parler assez bien, j'ai toujours peur d'être prise en faute[2]. La langue affective, ça reste le vietnamien. […]

Tran Dung-Nghi

(Texte adapté de http://www.histoire-immigration.fr/upload/file/ext_portrait_pdf_6_tran.pdf)

Sujets d'étude

1. Résumez le récit de Tran Dung-Nghi.
2. Dégagez les problèmes que rencontre à la jeune Tran Dung-Nghi à son arrivée en France.
3. Comparez la situation de réfugiée de Tran Dung-Nghi à celle de Monsieur Linh. En quoi sont-elles différentes ?
4. En 1991, Tran Dung-Nghi a fondé l'Association des jeunes Vietnamiens de Paris « avec l'idée de faire vivre notre culture en France et, toujours, de faire le trait d'union. » Expliquez les buts et les moyens d'une telle association. Connaissez-vous d'autres exemples d'associations qui travaillent pour et/ou avec des réfugiés ?

---

1 barbouiller qc: etw. vollkritzeln
2 prendre qn en faute: jdn. erwischen

Agota Kristof
Le désert

Du centre de réfugiés de Zurich, nous sommes « distribués »
un peu partout en Suisse. C'est comme cela, par hasard, que
nous arrivons à Neuchâtel, plus précisément à Valangin,
où nous attend un appartement de deux pièces meublé 5
par des habitants du village. Quelques semaines plus tard,
je commence le travail dans une fabrique d'horlogerie[1] à
Fontainemelon.

Je me lève à cinq heures et demie. Je nourris et j'habille
mon bébé, je m'habille, moi aussi, et je vais prendre le bus 10
de six heures trente qui me conduira à la fabrique. Je dépose
mon enfant à la crèche, et je rentre dans l'usine[2]. J'en sors à
cinq heures du soir. Je reprends ma petite fille à la crèche,
je reprends le bus, je rentre. Je fais mes courses au petit
magasin du village, je fais du feu (il n'y a pas de chauffage 15
central dans l'appartement), je prépare le repas du soir, je
couche l'enfant, je fais la vaisselle, j'écris un peu, et je me
couche, moi aussi.

Pour écrire mes poèmes, l'usine est très bien. Le travail
est monotone, on peut penser à autre chose, et les machines 20
ont un rythme régulier qui scande[3] les vers. Dans mon tiroir[4],
j'ai une feuille de papier et un crayon. Quand le poème
prend forme, je note. Le soir, je mets tout cela au propre
dans un cahier.

Nous sommes une dizaine de Hongrois à travailler à 25
l'usine. Nous nous retrouvons pendant la pause de midi à la
cantine, mais la nourriture est tellement différente de celle

---

1   l'horlogerie *f.*: fabrication d'horloges et de montres
2   l'usine *f.*: la fabrique
3   scander qc: etw. skandieren
4   le tiroir: Schubfach

dont nous avons l'habitude que nous ne mangeons presque pas. Pour ma part, pendant une année au moins, je ne prends que du café au lait et du pain pour le repas de midi.

À l'usine, tout le monde est gentil avec nous. On nous sourit, on nous parle, mais nous ne comprenons rien.

C'est ici que commence le désert. Désert social, désert culturel. À l'exaltation[1] des jours de la révolution et de la fuite se succèdent[2] le silence, le vide, la nostalgie des jours où nous avions l'impression de participer à quelque chose d'important, d'historique peut-être, le mal du pays, le manque de la famille et des amis.

Nous attendions quelque chose en arrivant ici. Nous ne savions pas ce que nous attendions, mais certainement pas cela : ces journées de travail mornes[3], ces soirées silencieuses, cette vie figée[4], sans changement, sans surprise, sans espoir.

Matériellement, on vit mieux qu'avant. Nous avons deux chambres au lieu d'une. Nous avons assez de charbon[5] et une nourriture suffisante. Mais par rapport à ce que nous avons perdu, c'est trop cher payé.

Dans l'autobus du matin, le contrôleur s'assied à côté de moi, le matin c'est toujours le même, gros et jovial[6], il me parle pendant tout le trajet[7]. Je ne le comprends pas très bien, je comprends tout de même qu'il veut me rassurer en m'expliquant que les Suisses ne permettront pas aux Russes de venir jusqu'ici. Il me dit que je ne dois plus avoir peur des Russes, que je suis en sécurité. Je souris, je ne peux pas lui dire que je n'ai pas peur des Russes, et si je suis triste, c'est

---

1 l'exaltation *f.*: l'excitation *f.*
2 se succéder: se suivre
3 morne: triste
4 figé/e: immobile
5 le charbon: Kohle
6 jovial/e: gai/e, de bonne humeur
7 le trajet: le voyage

152 Annexe

plutôt à cause de ma trop grande sécurité présente, et parce
qu'il n'y a rien d'autre à faire, ni à penser que le travail,
l'usine, les courses, les lessives, les repas, et qu'il n'y a rien
d'autre à attendre que les dimanches pour dormir et rêver
un peu plus longtemps de mon pays.   5

Comment lui expliquer, sans le vexer[1], et avec le peu de
mots que je connais en français, que son beau pays n'est
qu'un désert pour nous, les réfugiés, un désert qu'il nous faut
traverser pour arriver à ce qu'on appelle « l'intégration »,
« l'assimilation ». À ce moment-là, je ne sais pas encore que   10
certains n'y arriveront jamais.

Deux d'entre nous sont retournés en Hongrie malgré la
peine de prison[2] qui les y attendait. Deux autres, des hommes
célibataires[3], sont allés plus loin, aux États-Unis, au Canada.
Quatre autres, encore plus loin, aussi loin que l'on puisse   15
aller, au-delà de la grande frontière. Ces quatre personnes
de mes connaissances se sont donné la mort pendant les deux
premières années de notre exil. Une par les barbituriques[4],
une par le gaz, et deux autres par la corde. La plus jeune
avait dix-huit ans. Elle s'appelait Gisèle.

Agota Kristof: *L'analphabète, Genève, 2004, p. 41–44.*

---

1 vexer qn: jdn. kränken
2 la peine de prison: Gefängnisstrafe
3 célibataire: ≠ marié/e
4 le barbiturique: un médicament qui fait dormir

Sujets d'étude

1. Décrivez la vie quotidienne de la jeune réfugiée.
2. Dégagez les avantages qu'offre à Agota Kristof son exil en Suisse.
3. Expliquez le titre du chapitre à l'aide du texte.
4. « Nous nous retrouvons pendant la pause de midi à la cantine ». Imaginez un dialogue entre la jeune Agota Kristof et une collègue hongroise dans lequel elles parlent de leur nouvelle vie.
5. Définissez les mots « intégration » et « assimilation ». Discutez le pour et le contre des deux conceptions.

Manau
La poupée

Tu sais ma puce[1], j'ai perdu ton regard
Je ne suis plus le gamin, mon esprit a perdu cet espoir
De regarder la vie, la vraie qui nous entoure
Comme l'avait prédit la femme qui m'a donné le jour   5
Et le Paradis est loin d'être sur Terre
Mais qui nous a menti sur les hommes et leur volonté de faire
Des choses belles comme les écritures de ce monde
Et ne pas tâcher les murs avec le sang de la blanche colombe
Gros plan[2] sur tes yeux débordants[3] d'innocence   10
Gros plan sur un visage qui n'a subi aucune conséquence
De l'éducation de notre société
Où l'unification est l'utopie de cette humanité
Où les guerres, les tueries sont faites par les hommes
Qui ne veulent pas entendre les cris des gamins   15
Les plus jeunes
Je suis sûr, au fond[4] c'qui nous dérange
C'est que nos enfants sont des anges

Tu sais ma puce, j'n'ai pas envie que tu grandisses
Plus les années passent, plus on accumule des vices[5]   20
Tu sais les grands malheureusement ont besoin d'artifices
De bénéfices, de gloire et même d'édifices
Reste longtemps l'enfant, la petite malice[6]
Avant de rejoindre les rangs des adultes complices
Mais de tout ça, j'veux pas m'l'imaginer   25
J'préfère de loin te regarder
Jouer à la poupée

1 la puce: mon amour
2 le gros plan: Nahaufnahme
3 débordant de qc: plein/e de qc
4 au fond: im Grunde
5 le vice: le défaut
6 la malice: Schalkhaftigkeit

Tu sais ma puce, la suite n'est pas facile
Tu vas apprendre et comprendre que les grands sont vite
des imbéciles
Quelque soient les personnes, quelque soit le profil
Tout au fond de chaque homme, se cachent des sentiments
hostiles
5   Hostiles à quoi ? À soi-même et surtout aux autres
Souviens-toi de Jésus, trahi par l'un de ses apôtres
Ne construis pas autour de toi ce genre de destin
Et continue, tes pas ouvrent ton cœur, il guidera ton chemin
Vers, je l'espère ce qu'il y a de mieux
10 Vers des contrées[1] lointaines, où les enfants sont bénis[2] par les
dieux
Comme dans les rêves, l'image d'un monde parfait
Où tout un pays, tout un peuple est réuni dans la paix
J'ai vu ton regard refléter cet Eden
Quand tu touchais le ciel avec le palet[3] de ta marelle[4]
15 Je suis sûr ce qu'il y a de plus étrange
C'est que nos enfants sont des anges

Tu sais ma puce, j'n'ai pas envie que tu grandisses
Plus les années passent, plus on accumule des vices
Tu sais les grands malheureusement ont besoin d'artifices
20 De bénéfices, de gloire et même d'édifices
Reste longtemps l'enfant, la petite malice
Avant de rejoindre les rangs des adultes complices
Mais de tout ça, j'veux pas m'l'imaginer
J'préfère de loin te regarder
25 Jouer à la poupée

1   la contrée: la région
2   béni/e: gesegnet
3   la palet: le caillou
4   la marelle: „Himmel und Hölle" (Kinderspiel)

Tu sais ma puce, on grandit c'est la vie
Mais non, pas seulement en âge, mais surtout en état d'esprit
Entre le Bien et le Mal, on perd les raccourcis[1]
Peut-être que c'est l'enfant et l'homme, ainsi qui nous
différencient
Je reste là, devant toi, tout en admiration
Devant tous ces gamins qui ont les yeux remplis de questions
Et vous demande si cela vous dérange
Si nos enfants étaient les anges

Tu sais ma puce, […]

Paroles: *M. Tricoche*, musique: *Gregor Gandon, Polydor 2000*

Sujets d'étude

1. Qui parle à qui dans cette chanson ? Qui sont
   « nous » (p. 154, l. 16) et « vous » (p. 156, l.7) ?
2. Notez dans un tableau les expressions qui
   caractérisent le monde de l'enfant et celles qui
   caractérisent le monde de l'adulte. Résumez vos
   résultats en quelques phrases.
3. Expliquez le titre de la chanson. Proposez un autre
   titre possible.
4. Travaillez en groupe. Faites un collage pour illustrer
   la chanson.

---

1 le raccourci: *hier* Trennungslinie

Annexe **157**

Les guerres d'Indochine et du Vietnam (I)

Rappel historique

En 1945, le Vietnam est depuis plus de 50 ans une colonie française.

5   Avec l'occupation japonaise pendant la deuxième guerre mondiale, les liens avec la métropole se sont relâchés et, dans les dernières semaines du conflit, un mouvement nationaliste, dirigé par le communiste Ho Chi Minh, prend le contrôle du Nord du pays.

10   Dès 1946, les Français tentent de reprendre leur ancienne colonie, mais la guerre, menée dans des conditions très difficiles, se solde par une lourde défaite (Diên Biên Phu, Mai 1954).

     Au terme des accords de Genève, en juillet 1954, le pays 15 est divisé en deux. Le Nord communiste, soutenu par l'URSS et de la Chine, veut imposer la réunification à son profit. Mais les États-Unis s'engagent au côté du Sud : au milieu des années soixante, plus de 500 000 GI's combattent dans la jungle les maquis communistes du Viêt-cong. Malgré 20 leur supériorité technologique, les États-Unis s'enlisent à leur tour et l'opinion publique condamne de plus en plus la guerre. Nixon, élu en 1968, intensifie l'effort de guerre avant de se résigner à retirer ses troupes. Le Sud, gangréné par la corruption, s'effondre vite et, en 1975, c'est tout le Vietnam qui bascule dans le camp communiste.

Les guerres d'Indochine et du Vietnam (II)

Repères chronologiques

1945	À Hanoi, naissance de la République démocratique du Vietnam
1946	Bombardement de Haiphong. Début de la 1er guerre d'Indochine
1954	L'armée française perd la bataille de Diên Biên Phu. Accords de Genève
1960	Fondation du Front national de libération du Sud Vietnam (FLN), parti procommuniste
1965	Les Américain s'engagent dans la guerre
1968	Offensive du Têt lancée par le Viêt-cong
1973	Signature des accords de Paris. Début du désengagement des États-Unis
1975	Chute de Saïgon (Hô Chi Ninh Ville), réunification du Vietnam et prise du pouvoir au Cambodge et au Laos par les communistes

Annexe **159**

Les guerres d'Indochine et du Vietnam (III)

La guerre d'Indochine (1946-1954)

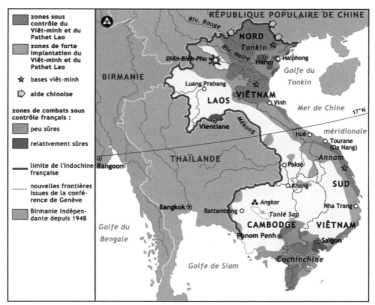

Document tiré de www.atlas-historique.net

Philippe Claudel

Né en 1962, Philippe Claudel est à la fois enseignant, scénariste et écrivain. Professeur de français, il enseigne d'abord au lycée, puis à des enfants handicapés moteur, puis à la maison d'arrêt de Nancy, enfin à l'Université de Nancy II. Depuis son premier roman, *Meuse l'oubli*, paru en 1999, l'écrivain lorrain enchaîne les succès littéraires. En 2003, il reçoit le prix Renaudot pour son roman *Les âmes grises* qui sera adapté au cinéma en 2005. Son roman *Le rapport Brodeck* lui vaut en 2007 le prix Goncourt des Lycéens. En 2008, il réalise son premier film *Il y a longtemps que je t'aime* avec Kristin Scott Thomas et Elsa Zylberstein.

Agota Kristof

Née en 1935 en Hongrie. Elle arrive en Suisse en 1956, où elle travaille en usine. Puis elle apprend le français et écrit pour le théâtre. En 1987, elle devient célèbre avec son premier roman, *Le grand cahier* (Prix du livre européen). Dans son premier récit autobiographique, *L'analphabète* (2004), elle raconte son enfance heureuse, la pauvreté après la guerre, les années de solitude en internat, la mort de Staline et l'exil.